U0556698

风口浪尖

水皮 著

中国式投资启示录

中国人民大学出版社
·北京·

序
让我们怀着信仰在空中飘扬

(一)

我来到你的城市

走过你来时的路

想象着没我的日子

你是怎样的孤独

拿着你给的照片

熟悉的那一条街

只是没了你的画面

我们回不到那天

你会不会忽然的出现

在街角的咖啡店

我会带着笑脸　回首寒暄

和你坐着聊聊天

我多么想和你见一面

看看你最近改变

不再去说从前　只是寒暄

对你说一句　只是说一句

好久不见

…………

这是陈奕迅的歌《好久不见》里的歌词，每次听到这熟悉的旋律，我们内心都会萌发出一种激情，盼望心中的她突然出现在面前，尽管谁都明白，这只是一种梦想。

梦想回到从前是多么的美好。

我们有幸生活在这个伟大的时代，有幸见证这个伟大的时代，有幸记录这个伟大的时代。

历史是过去的新闻，新闻是未来的历史。十年的时间，我一直在新闻行业工作。

幸运的是，我的内心一直充满欢乐，理想在我心中永远闪耀着光芒，虽然互联网的冲击已经使传统媒体的传播语境发生了巨大的改变，但是我始终坚信思想创造价值。

这是我过去的信念、我现在的信念，也是我将来的信念。

术业有专攻。专业的价值正在于此。

社会越是浮躁，越是逐利，越是焦虑，我们的理性、客观、常识就越弥足珍贵。

贪婪和恐惧。人性的弱点在市场里面暴露得最充分,利令智昏是常态,唯利是图是动态,义利兼顾是新常态。

君子爱财,取之有道。道即我们的内心。我们还能回到从前吗?

(二)

物是人非。

2007年6月27日,第十届全国人民代表大会常务委员会第28次会议审议了国务院关于提请审议财政部发行特别国债购买外汇的议案,29日下午,会议审议并通过这个议案,批准发行15 500亿元特别国债购买2 000亿美元外汇用于组建国家外汇投资公司,中国投资有限责任公司(简称中投公司)应运而生。

并非巧合的是,就在6月27日同一天,远在大洋彼岸的美国著名的私募股权投资公司黑石(Blackstone)宣布完成了首次公开发行,一共发行了1.533亿股普通股,总募集的资金达到45.5亿美元,而其中来自中投公司的投资就达30亿美元,如此巨大的投资实际上为黑石上市起到了保驾护航的作用,但是中投公司只得到了95.5%的折扣,而且股份被锁定4年且没有投票权,中投公司占黑石扩大后股份的9.37%,这笔交易的牵线人是香港特别行政区前财政司司长梁锦松。上市之前,黑石请梁锦松担任大中国区主席,而梁锦松不负黑石CEO苏世民之托,仅仅用三周时间就搞定了中投公司。

这是一笔难以言说的交易，也可以说是不得不交的学费。中投公司的投资换来的欢愉并没有超过 6 个小时。黑石上市股价曾经从发行价 31 美元上冲过 38 美元，收盘在 35.06 美元，中投一日暴赚 5.5 亿美元，但是第二天黑石股价大跌，中投的账面盈利就大幅缩水，而到 2009 年初，黑石股价已经下探到 3.55 美元，中投浮亏 27 亿美元，亏损幅度一度达到 83%。2008 年 10 月初，中投通过子公司低位补仓增持黑石 2.5% 的股份，成交价在 9～10 美元，耗资达 2.5 亿美元。好事多磨，7 年后，中投还是迎来了解套的机会，黑石股价再次回升到 35 美元以上，终于有了 35% 的盈利，而今天黑石的股价依然在 35 美元附近徘徊。

黑石的股价从 35 美元到 35 美元，中间只是隔了一个全球金融危机，而在危机之前，黑石作为全球最大的私募股权投资基金公司之一管理的资产达 894 亿美元，2001 年以来的年均资金增长达 41.1%，员工人均利润 9 倍于高盛。作为黑石的 CEO，苏世民此前一再警告华尔街美国股市已经充满泡沫，而黑石却偏偏赶在泡沫破灭之前抢滩成功。

毫无疑问，苏世民以及他的团队是黑石上市的最大赢家，不仅如此，此后黑石在中国的投资也有如神助，不但躲过金融危机的冲击，而且中国项目的平均收益达到 700%，2017 年，黑石更是把手中德银的股权甩给了来自中国的海航集团，把海航推到了德银第一大股东的位置，但是同样，海航持有的这部分股票没有投票权，而德银账上的衍生品规模高达 46 万亿美元，衍生品敞口最高时相当于德国 GDP 的 20 倍。

十年前是中投，十年后是海航。黑石，算你狠！

(三)

不服不行。

没有经历过危机的人是永远不会对危机有警觉的,比如,金融危机;再比如,金融危机的周期性。不多不少,正好十年。

2007年发生美国次贷危机。

1997年发生东南亚金融危机。

1987年发生黑色星期一全球股市崩盘,全球蒸发市值1.9万亿美元。

1973年发生中东石油危机。

············

2017年,中国资本市场风声鹤唳,如惊弓之鸟。

躺枪者不一而足。

万达、复星、安邦、海航、苏宁,它们都有一个共同的特点,海外并购既凶又狠,当中国外汇储备达到4万亿美元,人民币持续升值,它们仍成为中国企业走出去的践行者;而当中国外汇储备急降至3万亿美元,人民币贬值预期不断强化,它们又成为封堵海外资产转移的出头鸟。中国的民营企业对分寸的把握和尺度的拿捏面临考验。更何况,中国首富们的敏感远远超出一般投资者,可以先知先觉,防患于未然,这也是江湖枭雄的本能。

万达的王健林,军人出身,杀伐决断无人能敌,万达城的抛售和酒店的甩卖让人震惊，王孙李的世纪交易规模达到480亿元，万达一举回笼偿债资金2 000亿元，此等决断一方面为万达轻资产一条道走到黑推波助澜，另一方面为万达优化生存空间开疆辟土，而谁又能说这不是王健林对即将到来的市场变革腥风血雨的未雨绸缪呢？

舍得舍得，有舍才有得。贾跃亭却不懂这个道理。

一路蒙眼狂奔的贾跃亭终于在2017年的夏天出走美国洛杉矶去做他的追梦之旅，而他2004年打造的乐视网彻底变成了融创孙宏斌的囊中之物。面对贾跃亭的是来自各级法院对他各类股权资产的冻结和查封，数额高达160亿元人民币。

贾跃亭玩的是庞氏骗局吗？

仁者见仁，智者见智。

不管如何，贾跃亭做了一个常人无法做的梦。尽管这个梦中的色彩，五花八门，甚至色度不正，但是仔细分析贾跃亭暴发的过程，让我们不得不承认，正是我们这个社会的文化、风气和价值观造就了乐视以及贾跃亭的今天。深陷旋涡又能全身而退，让旁观者对其能量产生了不切实际的想象。借助于2015年中国股市人为的大牛市，乐视网作为唯一的视频网站成为站在高高风口的那头猪。聪明的贾跃亭一方面推出所谓的"生态化反"概念打造七大生态系统，另一方面又在高位金蝉脱壳变现达140亿元之巨，真正把股市玩弄于股掌之上，达到出神入化的境地。尽管最终人算不如天算，乐视网的估值随着股灾的发生而爆炸破灭，但是这不妨碍这位前创业板首富继续造车的追求。

我们生活在梦想里，贾跃亭生活在PPT里。

梦醒的代价有多大，大到连贾跃亭都不能面对。孙宏斌也不敢面对，没有人可以面对，特别是当初忽悠孙宏斌接盘的大佬们，A轮、B轮、C轮，现在孙宏斌轮都出来了，难道那么多的公募私募都是傻子，都看不出贾跃亭葫芦里卖的什么药？事实就是，你的答案是正确的，水皮相信贾跃亭没有行骗的主观故意，但是现在的结局和庞氏骗局又有什么区别呢？

膨胀是成功者的通病。

2017年，宝万之争落幕。

万科的大股东经过这个轮回又变成了深圳地方国资委旗下的深圳地铁，世人难免有早知今日何必当初的想法，但是不经历出埃及记式的出走，不引入当初的华润，万科又怎么可能有今天的辉煌，王石又怎么可能成为中国企业家标杆式的人物？没错，王石是退休了，但是王石打造的万科曾经是中国最大的地产公司，也是世界上最大的地产公司。作为一个男人，可上珠峰揽胜可下五洋冲浪且有红袖添香，夫复何求？

对于宝万之争，如果抛开意识形态，可以总结的有很多，什么叫混合制经济，什么叫股份制公司治理，什么叫公众公司的社会责任，什么是产业资本和金融资本的边界，并没有答案。万科的今天说到底是行政干预的结果，是意外的结果，是不可复制的结果。

姚振华有什么错？

宝能本身也是一个地产商,只是没有万科那么成功。恒大也没有万科那么成功,谁又能说恒大没有资格做万科的大股东?宝能能够逆袭万科靠的是金融资本的力量,靠的是前海人寿的万能险和钜盛华的资管计划,但是,谁又能说这些不合法呢?加杠杆正是金融资本与生俱来的特征,姚振华手中有金融牌照并不构成非法集资,深圳市政府在宝万之争中的纠结和痛苦正是社会走向法制的结果,这难道不是市场的进步吗?这种制衡、博弈、对抗难道不是公平、公开、公正所必需的吗?

实话实说,过去的十年是金融过度发展的十年,更是野蛮生长的十年。

标志有三个。

一是金融业的利润占了社会规模企业的一半还多,十几个银行的利润抵得上其他所有上市公司的利润总和;

二是谁都想干金融,大点的民营企业手中没有一张金融牌照都不好意思在论坛上抛头露面;

三是清华北大每年招入的全国各地的文理科状元有68%的志愿专业都是经济管理或金融方向;

结果就是一句话,全社会玩虚的!

所以,全国金融工作会议决定在国务院层面成立金融稳定发展委员会统筹金融业的政策和监管,涉及的不仅是一行三会,还有财政和发改委的相关部门,目的就是打破目前混业经营、分业管理的乱局,在加强党对金融工作领导的同时,让金融为实体经济服务，排除金融危机的隐患。

十年一个周期，我们对市场充满敬畏。十年前中国的 M2 是 48 万亿元，十年后中国的 M2 是 160 万亿元。流动性如水。水能载舟，亦能覆舟。搞好了风调雨顺，搞不好就是洪水猛兽。既要防"黑天鹅"，又要防"灰犀牛"。

这个道理，你懂的。

（四）

十年中，中国股市经历两次冲顶。

2007 年 7 月，《水皮杂谈》发表文章《人无远虑必有近忧》，文中提出"满仓等待最后一次暴跌"，3 个月后，上证指数冲到 6 124 点；

2009 年 2 月 7 日，《水皮杂谈》发表《总理操心操到了点子上》，4 个月后，上证指数冲到 3 478 点；

2014 年 9 月 4 日，上证指数刚刚突破 2 300 点，5 000 点就成了焦点话题，《水皮杂谈》发表文章《5 000 点是谁的"中国梦"》，并附上了 7 年前的旧作《5 000 点是谁的青藏高原》。

我们希望为大家提供有价值的趋势分析，走在趋势之前，一直是我们的追求。幸运的是，十年来，我们的分析没有出现偏差。十年中，中国股市一路高歌猛进，在 2004 年 5 月创设中小板的基础上，2012 年 5 月 1 日又正式推出创业板，2014 年 1 月 24 日更是宣布新三板诞生，上市公司从十年前的 1 500 家发展到今天的 3 300 家，在新三板挂牌的企业更是多达 13 000 家。一个多层次的资本市场正在建立。2017 年年中，摩根士丹利资本国际公司（MSCI）正式把中国纳入新兴市场指数，新一轮的对外开放启程，而此前的沪港通、深港通已经把内地和香港全面打通，一个 A 股 H 股的统一大市场正在形成。

IPO 注册制渐行渐近。

中国股市融资的定位从来没有像现在这么明确。流动性"脱实向虚"，股市其实是不堪冲击的受害者，而现在"脱虚向实"，股市又要承担直接融资的不能承受之重。这一届的股民注定是天将降大任于斯人的股民，A 股凤凰涅槃之路道阻且长。

十年间，中国的证监会主席换了四任，几乎成为中国政府中更换领导最频繁的正部级岗位。尚福林曾经因为股改的成功一度如日中天，但是很快又因为漫漫的熊市而被投资者忘得一干二净，"上涨幅度为零"却不胫而走。接替尚福林的是建行前董事长郭树清，曾经获得孙冶方奖。他大刀阔斧，革弊鼎新，在位时间不到两年，市场恨不得 4 个工作日就出一份新规，其间力推银行股的蓝筹行情，可惜半途而废。接替郭树清的是他的同僚、中国银行董事长肖钢。肖钢到任时正是新一届政府大展宏图之时，政策行情一触即发，国家牛、改革牛、杠杆牛、现金牛蜂拥而上。融资融券、配资炒股让沪深两市放出 2.4 万亿的历史天量，而清理违规资金造成的踩踏"千股跌停"一而再再而三，国家队救市又上演罗生门，熔断终于断送了肖钢的前程。接替肖钢的新一届证监会主席是中国农业银行董事长刘士余，受命于危难之中，风控意识强，执行能力强。上任之初，市场纷纷看好"牛市余",而刘士余的不遗余力也的确换来了指数在 3 000 点上盘整的有惊无险,IPO 的数量在 2016 年的熊市超过了 2015 年的牛市,代价是漂亮 50 和要命 3 000 的"劈叉",上证 50 不断创新高,创业板则不断创新低,刘氏的监管风格更是惊世骇俗。都说证监会主席是火山口,每一任主席都是胸怀壮志而来,无可奈何而去,刘士余有无可能创造奇迹,改变市场戏称的"留市愚"的命运?

(五)

中国经济是创造了世界奇迹的经济,中国经济也把无数诺贝尔奖的命题留给了世界。

1. 学历不值钱,学区房却值钱。

2. 一半上市公司业绩抵不上京沪一套房,但是大股东减持 1% 的股份却可以买好几套房。

3.《人民日报》:失去奋斗,房产再多我们也将无家可归;网友:失去房产,奋斗再多我们也将无家可归。论证:以上哪种观点更正确。

我们每个人每天都在自问,但是,我们知道,答案不在今天,答案在未来。人工智能时代,也许这一切都会迎刃而解。

我们幸运地生活在这样一个沧海桑田的时代,我们又如此不幸地生活在这样一个沧桑巨变的时代。互联网,尤其是移动互联网正改变着我们的生活方式,互联网金融正冲击着传统金融的底线，而自媒体的崛起已经让传统纸媒步步后退。这是一个BATJ（百度、阿里巴巴、腾讯、京东）的时代，没有渠道的媒体哪里还有独立的尊严？这是一个思想自由喷涌的时代，是让我们展开翅膀追求理想的时代，最好与最坏，一切因人而异。

那一天我漫步在夕阳下

看见一对恋人相互依偎

那一刻往事涌上心头

刹那间我泪如雨下

昨夜我静呆立雨中

望着街对面一动不动

那一刻仿佛回到从前

不由得我已泪流满面

至少有十年我不曾流泪

至少有十首歌给我安慰

可现在我会莫名的哭泣

当我想你的时候

生命就像是一场告别

从起点对一切说再见

你拥有的仅仅是伤痕

在回望来路的时候

那天我们相遇在街上

彼此寒暄并报以微笑

我们相互拥抱挥手道别

转过身后已泪流满面

至少有十年我不曾流泪

至少有十首歌给我安慰

可现在我会莫名的心碎

当我想你的时候

  这是汪峰作词作曲的一首歌,谨以此歌献给过去陪伴了我们十年的朋友们。下一个十年,让我们依然怀着信仰在空中飘扬。

目录

第一章

宝剑锋从磨砺出

TPP 踢了谁家的"小屁屁"？......2

钢铁业去产能刚刚开始......6

从"一带一路"到供给侧改革的潜台词是什么？......10

去产能之路道阻且长......14

黑天鹅，白天鹅，天空飘来五个字！......18

有一种加息叫央妈觉得......23

中国大牛市希望何在？减税，减税，减税！......27

春风杨柳十万里　雄安天下意如何？......31

注册制　生米变成熟饭......34

告别非常态，加不加息不是问题！......38

第二章
夜阑卧听风吹雨

反思：股灾会不会卷土重来？……44
前度"牛郎"今又来？……48
A股功能首先是融资……52
新三板分层能否"点石成金"？……56
美股和A股的差距咋就这么大哩？！……59
A股的套路是世界上最长的路……63
谢百三真正担心的是什么？……66
天不时，地不利 "人和"行情替谁解套？……70
"二八"行情犹未了……73
股指期货"平反昭雪"……76
美元加息阴差阳错……80
MSCI，那都不叫事！……83
来赌！未来一定涨过5 178点……86
一个谣言引发A股的不能承受之重……89

第三章
柳暗花明又一村

"不差钱"未必是好事……94
地产调控这次牵住了牛鼻子……97
"三阳改三观"潮落总有潮起时……101

除了你我为"地王"买单,还有谁?!......105

房地产已经成为迷心窍的"鬼"......108

"去杠杆"才是真正的"命门"......111

房地产税真的会导致房价暴跌吗?......115

"公""共"思路决定出路......118

第四章

不畏浮云遮望眼

影帝冯小刚对赌华谊到底是个什么局......124

苹果业绩拐点突现,"大停滞"时代杞人忧天?......127

苹果会是下一个诺基亚吗?......131

万科之争击中管理层软肋......134

360"旅美"回归,周鸿祎王者归来?......138

汽车产能将过剩,多出的汽车卖给谁?......140

恒大能够"鲤鱼跳龙门"吗?......143

富士康要跑了?......148

大股东忽悠套路太深......151

第五章

莫待无花空折枝

人民币执黑先行机不可失......156
人民币还要看美元的脸色？......159
人民币暴跌！这些人特别不爽......162
人民币贬值　哪里是终点站？......165
欧洲央行卖美元买人民币？......168
为啥各国都在囤黄金？......171

第六章

莫愁前路无知己

假如王宝强是个"心机 boy"......176
富人凭啥富？穷人为啥穷？......179
你的工资"被下降"了没有？......182
谁动了我的养老金......185
中国人一年吃掉多少包方便面？......188
香港保险是一块"唐僧肉"吗？......191
"美国制造"将取代"中国制造"？......195
"股神"赵薇怎么炒股？......198

中国快递业，拿什么拯救你?......201
还能把钱放在 P2P 平台上吗?......204
Apple Pay 是如何玩砸的?......207
明天，机器人会抢你的饭碗吗?......210
南非，是怎么一步步走向衰退的?......213
95 后真要成为啃老一族?......216
中国才是决定油价兴衰的老大！......219
可燃冰让石油、煤炭跌入"地狱"?......221

第一章

宝剑锋从磨砺出

在中国，股民都有着一身揣测和解读政策的"绝技"，为自己的炒股之路保驾护航。过去十年，中国社会经历了"脱实向虚"的过程，而现在正走在"脱虚向实"的征途上，政策不断调整，我们也都在不断适应。经过十年磨炼，政策之剑出鞘越来越"稳、准、狠"，但愿助力股民之路越走越顺。

TPP
踢了谁家的"小屁屁"?

TPP译成中文叫"踢屁屁",是美国和日本牵头环太平洋12个国家搞的自由贸易协定,这个协定已经谈了5年,达成一致是情理之中的事,也可以说是黄金周期间最大的经济新闻了。

但是,凡事皆有例外,这个例外就是奥巴马的表态。奥巴马在声明中称:"协定将为我们的农民、牧场主、制造商打造公平竞争的平台,因为协定将削减超过18 000个针对美国产品征收的税目,而且协定还包括有史以来最严格的劳工和环境承诺,区别于既往协定,这些承诺是可执行的。"TPP对美国意义重大,但是奥巴马显然话中有话,TPP作为一项贸易协定有太多的政治色彩,如果你还不清楚潜台词,那么奥巴马自己就挑明了,这就是世界贸易规则不能由中国人说了算,所以,美国搞了这个TPP。

唉,这就是奥巴马的格局。

两个字,有限,三个字,很有限。

直视竞合关系

当然,这也是一个老大帝国对新兴挑战者的必然反应。从总量上讲,美国依然是第一,中国只不过是第二。但就增长空间而言,老二的成长性对老大已经构成了巨大的压力,"踢屁屁"要踢谁,当然不是美国人自己,而是要踢对手,就好比大家都在一个朋友圈里低头不见抬头见,老大看不惯老二又不好意思翻脸拉黑,怎么办?自己再拉一个小群领一帮小兄弟自己嗨自己,也就是这样,前提是不能翻脸。

但是,真的非常没意思。5 年前的世界经济格局和 5 年后的变化还是相当大的:5 年前老大是美国,老二是日本;5 年后老大依然是美国,但是老二已经成为中国。更重要的是,5 年后的老二和 5 年前的老二根本不是一个概念,这是一个极有可能重起炉灶和老大分庭抗礼的老二,一个重新划分势力范围的老二,一个要谋求话语权和游戏规则制定权的老二,一个全世界唯一手中握有巨额美元外汇储备的老二,一个亚投行的成立已经搅动了一池春水,而"一带一路"的规划更是具有鲜明的指向意义,尤其是一路明显向西,相当于中国开辟的第二战场。中美两国是竞合关系,这一点,中国人看得更远,不会跟美国人计较。让一般中国老百姓极为不爽的是奥巴马太不会做人,习近平主席刚刚成功访美,签订了那么多的大单,达成了那么多的共识,但是回国不到 10 天,美国人就在亚特兰大搞了这么一个签字仪式,奥巴马还发表了那样的讲话,有必要这样针尖对麦芒吗?是不是有点蹬鼻子上脸的感觉?即便为了民主党竞选造势打中国牌是不是也要讲究点做事的规矩?前脚在白宫握手言欢,后脚就大放厥词、出言不逊，奥巴马的表演不会丢中国人的脸，只会丢自己的脸，还能不能言行一致、表里如一了？还能不能在一起好好玩耍了？

不应一棒子打死

TPP其实是个好东西，所以中国商务部发言人说，中方对符合世界贸易组织规则、有助于促进亚太区域经济一体化的制度建设均持开放态度。TPP协定涵盖全球40%的经济产出，包含投资、服务、电子商务、政府采购、知识产权、劳工、国有企业、环境等30个章节，具有五大特点：一是要求全面市场准入，即消除或削减涉及所有商品和服务贸易以及投资的关税和非关税壁垒；二是促进区域生产和供应链网络的发展；三是解决数字经济、国有企业等新的贸易挑战；四是促进中小企业发展和帮助成员国加强贸易能力建设，实现贸易的包容性；五是作为区域经济一体化平台，吸纳亚太地区其他经济体加入。

中国会不会加入TPP，这个答案留给未来。随着中韩、中澳自贸协定的落地，中美和中欧投资协定谈判的推进以及亚太自贸区建设，一切都会水到渠成。所以，基本的判断，一是TPP对促进自由贸易是好事；二是对中国改革开放有压力但更多是动力，如同当年中国加入WTO一样；三是不会影响世界经济大格局，中国改革开放只会提速，中美互动只会强化，中国在世界经济中的分量只会提升。

当然，短期来看，TPP对于区域内的进出口会有影响，我们也不能不当回事，尤其是在中国GDP增速放缓之际，这种影响可能会被放大。贸易的背后是汇率，汇率的背后是币值，币值的背后是财富，财富的背后是投资，所以道指五连阳就是一种正常的反应，A股开门红一定程度上是借光。

TPP最终能踢的就是美国人自己的"小屁屁"。

2015年10月12日

钢铁业去产能
刚刚开始

网上流传一封极煽情的告员工书,我最早看到的版本是日照钢铁的老板杜双华,最新看到的则是包钢的董事长周秉利,是真是假不知道,知识产权是谁的也不知道,但是有一点我们是知道的,那就是不管是杜双华还是周秉利,都是钢铁业的老大,一封信如同一片秋风扫落的树叶,这叫一叶知秋。

老板的无奈、悲壮和誓言

信的内容大体是一样的。首先是无奈,其次是悲壮,最后是发誓。无奈表现在对市场形势的绝望,本来都想扛一道,但是现在看来实在扛不过去。一方面,钢材价格没完没了地下滑;另一方面,库存根本消化不了,生产越多亏损越多。所以,没有办法只能停产减产。

悲壮表现在对于员工而言,这种停产减产就意味着减员、裁员、下岗，钢铁厂效益都不好，去哪上岗呢？

发誓表现在对未来的信心，留得青山在不怕没柴烧，只要企业能挺过来，活下来，那么有朝一日公司只要招人就会首先让之前离开的员工回来，只要还有一人没回来公司就不招一个新人。

声情并茂，晓之以理，动之以情，现在老板的情商一夜之间好像换了个人一样，到底是形势催人强。搁平时，老板能如此低三下四求员工体谅、体察、体会？

看看这一段。"这是我们××钢厂生死存亡的关头，进一步则会加速走向死亡，退一步或能求得生存，作为我们这样一个拥有××万名员工的企业，企业的存活与所有员工的生活息息相关，如果再不采取断然措施，我们只能坐看这艘大船带着所有的员工一起悲壮地沉没，覆巢之下，焉有完卵。等到那个时候，企业在经济形势最严峻时倒了，所有人就业机会将更加微乎其微，可能到时候给大家带来的将是更加惨重、被动的局面，与其到时全盘皆输，不如现在断腕求生。鉴于这种形势，我决定采取一系列应对措施，压缩产能，瘦身减负，尽最大可能保住企业的生存元气。"

"做这个决定，对我本人和公司的所有管理人员来讲实属万般无奈。我作为集团董事长，更加沉痛伤感，你们与我风雨同舟，并肩携手，历尽千辛万苦，铸就了×钢昨日的辉煌，你们依托于企业，企业倚重于你们，有如手足腹心。作为董事长，任何一名员工的离开，都是我不愿意看到的，此次减产对企业对我来说，如同剁手砍足，实在是迫不得已。"

经济转型升级遇阵痛

不能再引用了，东北话讲，眼泪哗哗的。

没有办法，这就是现实。

但是，未来或许是光明的。

"当此危难之时，只盼大家理解我的苦心，只要企业能够活下去，走的人一定还能再回来，也请你们一定要树立信心，困难是暂时的，你们的离开也只是短期的。尽管眼前的危机会给我们带来沉重的打击，但来年市场还会有无限生机。国家已经采取积极措施，如2万亿元的铁路项目、4万亿元的基础设施建设、廉租房政策的推广落实以及对企业实施减免税，加大金融扶持力度，这些举措的推行，必将带动整个国民经济的好转，同时也必定会拉动钢铁产品的需求。我们相信，在不远的将来，很可能就是来年春天，市场可望逐渐回暖转好，我们的企业也会走过这个困难时期，迎来又一个发展的春天。"

满满的正能量，点赞不能再多了。

钢铁行业的状态是转型升级经济的缩影，金融危机前中国的钢铁产能已经是世界第一，金融危机之后世界第一依然是中国，世界第二是中国河北，世界第三是中国河北唐山。产能过剩还不是最大的问题，比产能过剩更大的问题是债务，整个钢铁行业欠债3万亿元，其中1.3万亿元欠的是银行的债，按现在的利润1 327年才能还本，同样，这个数字也是年收入的1.67倍，怎么办？谁能输血，能输多少血，输多少血才能满盘复活？不破产清算，产能怎么削减？破产清算，员工失业怎么办？

或许，这就叫阵痛吧。

不能再说了，再说，眼泪又哗哗的了。

2015 年 12 月 7 日

从"一带一路"
到供给侧改革的潜台词是什么?

若干年前,水皮第一次到布拉格已是入夜,这个捷克的首都,让我们一行十多人做的第一件事就是换上衣服,加入"暴走族"行列,因为这座城市太美,完全值得我们走遍每一个角落。

布拉格城内拥有各个历史时期各种风格的建筑,特别是巴洛克和哥特建筑,建筑顶部变化丰富、色彩绚丽,这让布拉格成为全球第一个整座城市被指定为世界文化遗产的城市。为什么一座城市可以把历史保留得这么完好?水皮的感触是,大概因为这个民族爱好和平,少经战乱。布拉格,在水皮的概念中就是一座和平之城。

和平不止于拒绝战争

因为有了这个概念,当知道中国国家主席习近平先到捷克布拉格进行国事访问,再到美国华盛顿出席核安全峰会,水皮就别有一种感想,这一安排可能无意,但外交事务把和平共处放在第一位,和平恰恰是寻求经济增长动力的基础。

和平,在现代意义上已不再是简单的拒绝战争,而是共同发展,推动全球经济增长,增加世界人民福祉,这些才是当今社会和平的目标和意义所在。

所以,无论是在布拉格习近平主席和泽曼总统的会晤,还是在华盛顿习主席与奥巴马总统的会见,我们都可以看到这种建立在和平交往基础上的对经济增长动力的诉求。

在布拉格,习近平主席对泽曼总统强调了中捷建交60多年来的友谊与合作,以及2015年双方签署的共同推进"一带一路"建设的政府间谅解备忘录。泽曼总统也表示,捷克是中国在欧盟内可以信赖的伙伴,愿充分发挥自身的作用和影响,为促进欧中关系、中国同中东欧国家的关系做出贡献。

一年前的2015年3月28日,习主席在亚洲博鳌论坛上宣布了"一带一路"倡议。这个倡议的共建原则是:"遵守和平共处五项原则""坚持市场化运作""坚持互利共赢"。我们知道,"一带一路"贯穿亚欧非大陆,打通的刚好是活跃的东亚经济圈和发达的欧洲经济圈,以及中间广大的腹地国家,这种打通,就是在为推动全球经济增长寻找一种更强的动力。

大国之争是经济领域的较劲

这样一种在和平共处中寻求全球经济增长更强动力的提法,

也延续到了接下来习主席在华盛顿和奥巴马的会见中。

现代的大国之争，不再是传统的战争，更多的是经济领域中的较劲，所以大家经常会听到的是所谓的"货币战争"，而习近平主席在同奥巴马的会见中明确指出，"在当前世界经济增长乏力、国际金融市场动荡的大背景下，各国都不应采取货币竞争性贬值来刺激出口。"习近平还表示，"希望美方继续支持中方主办二十国集团杭州峰会，推动峰会取得积极成果，为世界经济增长提供更强劲动力。"

奥巴马在对习主席的回应中则重申了"美方欢迎一个和平、稳定、成功的中国崛起，中国的社会政治稳定、经济成功不仅符合中国利益，也符合美国利益"。"美方支持中国经济转型、包括供给侧改革的努力，希望同中方加强宏观经济政策协调。美方支持中方成功主办二十国集团杭州峰会，共同向国际社会发出推动全球经济持续增长的积极信息。"

奥巴马难得地对中国供给侧改革表态，以及重申中国政治经济稳定对于美国利益的重要性，这让水皮联想到了美联储主席耶伦的讲话。就在几天前，耶伦出人意料地表态说，美联储"在加息问题上保持谨慎"，这句话使得全球资本市场大振，一直处在颓势之中的中国A股也走出了一根难得的大阳线。

在耶伦的讲话中，她又一次提到了中国因素，"全球经济放缓对美国经济构成风险，中国经济改革有很大的不确定性。未来美联储利率路径肯定存在不确定性，现在判断核心通胀回升是否持久为时过早，油价进一步下跌恐怕会伤及全球经济。"

就在去年,美联储也曾因为中国因素而延缓了加息周期的开启。这当然不是偶然,这是必然中的必然,是世界同坐在一条船上的最好证明,而且是一条和平之船。

2016年4月4日

去产能之路
道阻且长

中国经济的问题就是世界经济的问题。

同理,中国产业政策的问题也就是全球产业政策必须协调一致的问题。

只有明白了这个道理,我们才能理解为什么G20峰会会达成由世界经合组织牵头钢铁去产能论坛的决议;因为从道理上讲,G20峰会的基础性的沟通主要不在产业而在金融和财政,而钢铁又偏偏属于传统的产业范畴。但是,水皮必须提醒大家,钢铁产业可不是一般的产业,而是基础性产业,仔细想想哪个行业可以脱离钢铁而生存,基本上没有。欧盟是由欧共体发展而来,而欧共体又是由早期的法德钢煤联盟发展而来,去过卢森堡或比利时的人就会对当年的钢铁(包括煤炭)产业盛景留下深刻印象,因为那是产业尤其是制造业的基础;所以,不是偶然。出席G20峰会的欧盟领导人在新闻发布会上开宗明义就说关注中国的钢铁去产能。

去产能调整迫在眉睫

我们知道，钢铁去产能已经替代人民币汇率成为中美经济高层对话的话题。如果我们最初的反应还是抱怨美国人管得太宽，那么，现在欧盟的介入就可以解释各国的忧虑了。2008年世界金融危机之前，中国钢铁的产能是全球第一，2008年之后，世界钢铁的排名就变成了中国第一、中国河北第二、中国河北唐山第三。这种局面的形成就是因为当初那个4万亿。毫无疑问，这种产能的形成是中国经济高速增长时期的产物，随着中国经济增速的调整，国内需求必然下降，剩余的产能就必然会向海外寻找市场，必然对国外的厂商形成冲击，美国人和欧洲人都在用反倾销条款限制中国钢铁的出口。但是大家都知道，用补贴的说法是站不住脚的，中国的钢铁企业早就完全市场化，倾销的指控很难站住脚。

去产能，说起来容易，做起来却不容易。

习近平主席在G20演讲中明确指出，从2016年开始要用5年的时间再压缩粗钢产能1亿～1.5亿吨，用3～5年时间退出煤炭产能5亿吨，减量重组5亿吨左右，这是相对长期的一个安排。短期来看，2016年计划压减粗钢4 500万吨，从实施看，截至7月全国累计完成减压2 126万吨，占比47%。数据显示，截至8月底，全国23个省市先后发布减压方案，其中22个省市的2016年去产能目标，炼铁和炼钢产能分别为3 787万吨和7 207万吨，已经超过全年的总目标，如果加上宝钢和武钢的减产目标，总数将达到压缩炼钢产能 8 064 万吨，炼铁产能 4 106 万吨。从数量上讲，各地积极性不是一般的高，而是非常高。为什么？一方面中央政府督导力度大；另一方面是地方政府诱导无效产能获取补贴。

投机炒作增加阻力

结果是什么？

全国去产能的数据尚未有权威的统计，仅以河北为例，年度去产能目标是 1 726 万吨炼铁产能、1 422 万吨炼钢产能，而 1～7 月，河北完成的去炼铁产能是 193 万吨，炼钢产能 125 万吨。换句话讲，河北的去产能大头全部集中在 10 月及以后，压力和阻力可想而知。

为什么这样？

因为现在和年初的钢铁价格已经不是一回事，以螺纹钢为例，2015 年底 2016 年初是 1 600 元/吨，一季度被爆炒到 2 700 元/吨，后来回落到 1 900 元/吨，现在又冲到了 2 300～2 600 元/吨。历史上钢铁的吨利润最好时期也就 500 元，而 2016 年因为期货的狂炒，钢厂一天提价就是 500 元/吨，利润又开始回升。有利可图，且利润丰厚，怎么限产压产？从大宗商品期货价格看，供不应求又哪里有产能过剩？这其中的蹊跷就是商品市场和期货市场的差别，期货完全是因为投机炒作，实际的钢铁需求并没有增长，而期货市场的炒作又传导到股市，钢铁板块成为投资和炒作的题材，煤炭板块也是同理。这种"调控的时间差"形成了短期的概念支撑反弹问题不大,不太可能和"改革的预期差"形成的想象相比,后者才是催生大牛市的前提。

无论如何,去产能只是开始,调控之路道阻且长。

2016 年 9 月 12 日

黑天鹅，白天鹅，
天空飘来五个字！

黑天鹅也就那么回事！有什么可怕的？

第一只黑天鹅是英国脱欧，市场的反应几乎是崩溃的，尤其是亚太地区的交易，可以用惨不忍睹来形容。日经指数暴跌1 266点，跌幅达7.92%；恒生指数当天盘中高点21 034点，低点19 662点，振幅达6%；道指当天也是暴跌3.39%，第二天依然有1.49%的下跌，两天累计近5%；欧洲斯托克50指数第一天暴跌8.62%，第二天又有2.83%下跌，两天超过10%；而当事国英国当天虽有3.15%的下跌，但是收盘点位已经远高于盘中的低点，第二天虽有2.55%的下跌，但也没有破前期低点，第三天则返身向上收回了第二天的失地，此后连续大幅拉升，从最低点5 766.74算起，高点已经达到7 130点，上涨多达1 364点，涨幅接近20%。

第二只黑天鹅是特朗普胜选，市场的初期反应和英国脱欧一样，但却收敛得多。日经指数下跌 5.49%；恒生指数盘中最低下跌 4%，但是收盘已经是 -2.16%；欧洲市场稍后的表现则是低开高走，欧洲斯托克 50 开盘 2 932 点，收盘 3 053 点，不但没跌，而且上涨 1.03%；道指和标准普尔 500 期货在盘前一度熔断，但是正式交易时稍有低开便一路走高，尾盘居然上涨 1.4%，之后更是一路狂飙，最高冲到 19 987 的高点，创出历史新高。先知先觉的大 A 指数在当天居然只有 0.62% 的下跌，毫发未伤。

第三只黑天鹅是意大利公投，市场反应已经戏剧化。日经交易下跌 0.82%；恒生指数象征性下跌 0.26%；上证指数当天下跌 1.21；欧洲股市普遍低开高走，斯托克 50 收盘涨 1.16%，意大利富时指数则上冲下突，收盘只有 0.21% 的下跌，此后则大幅上升，短短一个月涨幅从 16 200 点附近到 19 419 点，超过 20%；道指当天完全不受影响收的是红盘，涨了 0.24%。

意料之外的逻辑

三观是不是有点颠覆？

显然，这种市场反应是不能用事不过三来解释的。特别要提醒大家的是，全球资本市场，甚至包括我们的 A 股在内，不但没有因这些黑天鹅的出现而崩盘，反而在半年中不断走出新高，好像"哪里有压迫哪里就有反抗"，让人感慨万千。

逻辑何在？

逻辑就在全球化走到今天，民粹主义卷土重来，原来的政治正确遭遇挑战，新自由主义寿终正寝，资本主义的理想主义到了梦醒时分，三只黑天鹅的出现，既是这种世界变化的结果，也是推动这个世界继续变化的原因。

天在变，道亦在变。

英国脱欧反映的是英国民意，脱欧成功对英国是利好，股市为什么不涨？正常的逻辑，欧洲的股市可以跌，英国的可以涨，但是毕竟事发突然，所以引发恐慌。

特朗普胜选出乎美国几乎整个精英阶层的意料，至今仍有不少人无法接受，匪夷所思。华尔街就是如此，大选之前，由于中央情报局重启希拉里邮件门调查，道指连跌7天，中央情报局选在前两天宣布维持不起诉结果后，道指连续两天大涨呼应，按此逻辑，特朗普上位道指应该大跌，但是华尔街识时务者为俊杰，立刻转向，道指天天上涨，好像换了人间，特朗普成了美国的救星，如果说这其中有逻辑，那也只是美国人的实用主义哲学复活了，在特朗普这个商人身上，美国人又找到了杜威的灵魂。

意大利公投是失败的，这种失败让意大利总理伦齐失去了对陈旧的意大利金融体系大动干戈的可能，银行间的问题足以让欧盟对其失去信任，伦齐除了辞职别无选择，但是意大利之所以成为意大利就在于充满了意外，伦齐不是卡梅伦，他的践约反而成为利好，意大利又莺歌燕舞了。

以我为主，以变应变

但是，谁又能保证这一切不是幻觉呢？如同假性近视一样，其实未必是真。

毕竟，美元进入加息周期，特朗普之前对华尔街也是恨之入骨的，对于道指的评价更是负面的，对于牛市是否定的，对全球自由贸易更是一棍子打死的。对于崛起的中国更是蠢蠢欲动、针锋相对的，贸易战似乎不可避免。一方面，新兴市场由于美元政策导致的资金外流陷入分崩离析；另一方面，欧盟事实上就面临着解体的危险，这种不确定由于特朗普的出现会增加 N 倍。

黑天鹅或许没有最大，只有更大。

英国《每日电讯报》预测，2017 年的五大黑天鹅事件之一是中国互联网泡沫破裂，依据是估值太疯狂，全球 7 个估值最高的公司中有 4 个在中国。如果其中有一两家不可避免崩盘，对全球科技公司都会造成剧烈冲击。之二是波罗的海国家崩溃。之三是新一波国家如马其顿、阿尔巴尼亚和塞尔维亚加入欧盟。之四是美国的 Facebook 和苹果公司合并，软硬通吃。之五是美德发生贸易战，特朗普对德国下手，因为除中国外，德国是对美贸易顺差最多的国家。

乱云飞渡仍从容。

世界格局如此，中国如何应对？

简单讲，以我为主，以变应变。

凡事预则立，不预则废。

中国政府自十八大以来就初步确立了适应经济发展新常态的经济政策框架，第一，做出新常态的重大判断，把认识、把握、引领新常态作为大逻辑；第二，形成新发展理念，形成以供给侧改革为主线的政策体系；第三，贯彻稳中求进总基调，保持战略定力，坚持问题导向，底线思维，发扬钉子精神，一步一个脚印。

拨开迷雾，才能看清未来。

能够预见的黑天鹅都不是真正的黑天鹅！看得见的黑天鹅其实和白天鹅也没什么两样。

黑天鹅，白天鹅，天空飘来五个字，那都不叫事，是事也是一会儿的事，一会儿就没事。

2017 年 1 月 2 日

有一种加息
叫央妈觉得

闻鸡起舞或者鸡飞狗跳。

情景实际上可能差不多,不同的结论取决于不同的心情。

尽管水皮此前在杂谈中一再提醒大家鸡年的行情最多就是超跌反弹,但是相信大多数投资者对春节开门红还是充满期待的,尤其是在节前有关部门拼命护盘拉出上证指数五连阳的背景下,本来是为了春节的那点喜庆气氛,却不承想让人凭空生出些许挑逗的想象,这似乎不能怪投资者,更不能怪刘士余,刘主席是个讲究人,操盘到如此地步,谁也不再忍心指责什么,那能怪谁呢?要怪,恐怕只能怪黄鼠狼给鸡拜年,不解风情,吃力不讨好。

IPO 定量不会改变

每年春节对于投资者来讲都要做选择题,选择持股过年或者持币过年，大牛市当然持股没有问题，大熊市当然持币也没有问题，最可恨的是现在这种情景，说熊市吧，偏有人生造出慢牛的概念，说牛市吧其实走红的也就是上证指数，深圳成指和创业板已经快跌破前期低点了。2016年春节期间美股大跌，2017年春节期间美股又是大跌，不同的是2016年美国总统还是奥巴马，2017年已经换成特朗普。A股2016年是低开高走收了根假阳线，2017年是高开低走收了根真阴线。2016年美股大跌成为中国国务院常务会的话题，引发了对中国A股救市的反思，反思的结果是换掉了证监会主席，而替代肖钢的刘士余果然不负众望，带动指数开始了长达十个月的反弹，并且导演了2016年IPO发行数居然超过大牛市2015年的好戏。2017年搞不好就会鸡飞蛋打。

什么是决定股价的决定性因素？

供求关系！

供不应求，股价就上涨；供过于求，股价就下跌，再通俗一点就是，有钱能使鬼推磨，没钱只能徒伤悲。

现在供方，也就是IPO是确定的。节前新华社和《人民日报》连篇累牍地推出各种解读，中心话题就是一个，IPO是对实体经济有贡献的，IPO不是股市下跌的原因。IPO和再融资相比不过十分之一，目前的IPO是正常的，正当的，也是正确的。这种说法水皮能理解，因为股市的定位，首先就是融资，IPO常规化无可争辩，一周一批，一批10～15家，这是前提，要么你离开这个市场，否则你只能接受这一现实。我们能做的就是评估这种IPO对市场的压力有多大，有多久，平衡点在哪里，拐点何时出现,然后制定对策,是积极进攻还是消极防守,炒或者不炒,判断可能的行情是喝汤行情还是吃饭行情或者吃肉行情。

资金荒问题值得警惕

现在需求充满不确定性。

表面上看,IPO一年才圈走1 500亿元左右,佣金印花税一年也就1 500亿元左右,大小非减持约3 000亿元,加起来大概6 000亿元,但是如果考虑到2017年有1.6万亿元的定增解禁以及再融资的1.6万亿元,那么市场承接资金的需求就会到3.8万亿元左右。换句话讲,要保持A股目前的水位,资金注入必须有3.8万亿元,否则,水位只能下降!显而易见,这么大的需求量靠存量资金是撑不住的,必须靠增量。

增量在哪里?

有种冷叫做你妈觉得你冷,有种加息叫做央妈觉得应该加息。美联储刚结束的议息会议什么都没定,但是中国的央行却在新年的第一个工作日把市场逆回购的利率提高了10个基点,200亿7天逆回购利率为2.35%,100亿14天逆回购利率为2.5%,200亿28天逆回购利率为2.65%。当天,隔夜常备借贷便利(Standing Lending Facility,SLF)的利率上调了35个基点达到3.1%,7天和1个月的上调了10个基点到3.35%和3.10%。更早的则在1月24日,央行就把SLF一年期利率上调10个基点到3.10%,6个月的SLF为2.95%,这是2014年来央行首次上调利率,不但长期上调,短期也上调,这就是加息。虽然没有针对公众，但是针对的是机构，针对的不是存款而是借款！确切地讲是不对称加息，对金融股利空作用更大。

货币政策全面从紧的信号已经非常明确，资产荒已经成为过去，现在我们面临的将是资金荒，增量在哪里？增量在梦里！

2017年2月6日

中国大牛市希望何在？
减税，减税，减税！

资本是最现实的，现实到可以翻脸不认人的地步。

特朗普选情明朗那天，全球股市都暴跌，唯有道琼斯指数低开数点便大涨257点，一发不可收拾，连涨数月，从18 332.50点直涨到21 169.11点，涨幅超过15%，基本上走完了一个正常牛市的涨幅。

美股为什么牛？

因为特朗普的政策，尤其是经济政策、公司政策、税收政策，在基建、企业反转、减税这三项中直接提升公司盈利的就是减税政策。

公司业绩上升，指数必然上涨

上市公司是股市的基础。

上市公司的业绩提升是股市上涨的根本动力，业绩提升通过两方面体现，一是企业的利润，二是成本。减税就是降低成本的一种，变相增厚企业业绩。而根据特朗普的方案，企业税从目前的35%降到15%，对于合伙人制等纳税中间实体，对于合伙人征收的最高个人所得税也降到15%；对于美国公司在海外的累积利润提取回国一次性收取10%的税，分十年付清；对于美国公司在海外子公司的未来利润每年征税。特朗普方案如果实施，2017年美国的企业利润会增加1 080亿美元，2018年会增加2 150亿美元，这是什么概念呢？美国企业2016年预计全年总利润61 730亿美元，假设该数额每年增长3%，那么减税将占盈利企业利润的1.7%～3.3%，等于企业盈利额外增长2%～3%，有这个预期，指数能不涨吗？

特朗普的经济政策在一定程度上和里根的相似，而里根就是减税，减税让企业积极性大增，让投资者看到希望，让公司业绩落到实处。对于一个国家的治理者，减少点财政收入获得的是全民财富的暴涨，美股市值增加的是3万亿美元！大账和小账，算法不一，结果却大相径庭。所以，赤字不可怕，可怕的是不能激发社会的各种生产要素，让财富源泉充分奔流。

用减税牵住牛鼻子

中国股市有没有希望？

大有希望。

因为中国政府正走在减税的路上，"三去一降一补"，其中降就是减少税费成本。

李克强总理2017年《政府工作报告》的最大亮点在于减税。2016年积极的财政政策力度加大,增加的财政赤字主要用于减税,全面推开营改增试点,全年降低企业税负5 700亿元,所有行业实现只减不增。不过,这个数字和中国近5 000万家企业数相比的确不算多,也难怪总有人会抱怨中国企业的税收比美国高。中国企业的所得税曾高达55%,现在降至25%,但是个人所得税依然高至45%,个人所得税也存在巨大的下调空间。李克强总理表示,2017年财政政策要更加积极有效,赤字率拟按3%安排,财政赤字2.38万亿元比2016年增加2 000亿元,赤字率保持不变,主要是进一步减税降费,全年再减少企业税负3 500亿元左右,降低企业收费约2 000亿元。

两年将近1万亿元的减税数字让人振奋,这相当于给企业增利1万亿元。中国上市公司全部的利润一年不过2.5万亿元,虽然只是中国公司的一小部分,但是盈利肯定是占大头的,减税对于上市公司业绩的影响早晚会有所体现。

中美经济是否有异曲同工之处?

牛市要有基础,否则建立在沙滩上的牛市,潮水一涨会被冲垮,潮水一退遍地裸泳。人为造牛不可取,因为推动牛市需要资金,资金不够又要加杠杆,玩来玩去是投资者之间的博傻游戏,即便是机构投资者也是如此。而且政府贴进信用、资金,甚至行政资源,救市救进去就是2万多亿元,比企业利润还多,典型的得不偿失,有这点钱用来减负减税,股市早就红上5 000

点，何至于总在3 000点上下徘徊？

牛鼻子是税。

减税就是增利，就是牛市的发动机，就是牛市的支撑点，就是真正的牛市杠杆。

2017年3月13日

春风杨柳十万里
雄安天下意如何？

雄安天下。

这是一段跨越了 30 年的心路历程，时间定格在 2017 年 4 月 1 日。也许出乎很多人意料，如此千年大计，为什么之前一点风声都没听到？其实这很好理解，一个决定国家今后很多年振兴的远景规划，当然不是普通人可以想象的，出乎大家意料是非常正常的。

雄安为股市注入兴奋剂

在一般人看来，任何的区域开发，都会被简单粗暴地理解成房地产炒作的契机。最近一段时间，网上流传的各种段子反映的也正是这样一种心态。甚至在雄安区域各地方政府公布了相关政策之后，依然有人乐此不疲地反复炒作房地产的话题。股市也如此，大家看到了这几天连续涨停的也就是和雄安新区相关的地产板块。当然，真正受益的建筑建材板块也有相应的反应，但是力度要小得多。

股市因此被注入了一针兴奋剂，出乎很多人意料。

目前了解的情况是，雄安新区规划范围涉及河北省雄县、容城、安新3县及周边部分区域，地处北京、天津、保定腹地，区位优势明显，现有开发程度较低，发展空间充裕。根据新华社的报道，雄安新区规划建设以特定区域为起步区先行开发，起步区面积约100平方公里，中期发展区面积约200平方公里，远期控制区面积约2 000平方公里。这样就和深圳特区2 000多平方公里，和浦东1 200多平方公里的规模相当，雄安新区一出生就不同凡响，一起步就和浦东、深圳并列，跨越了中国政府已经公布的其他十几个城市新区的范畴。说它是千年大计、事关国运一点也不为过。

根据习近平主席在雄安新区规划建设工作座谈会上的指示，新区要突出七个方面的重点任务：一是建设绿色智慧新城，建成国际一流、绿色、现代、智慧城市；二是打造优美生态环境，构建蓝绿交织、清新明亮、水城共融的生态城市；三是发展高端高新产业，积极吸纳和集聚创新要素资源，培育新动能；四是提供优质公共服务，建设优质公共设施，创建城市管理新样板；五是构建快捷高效交通网，打造绿色交通体系；六是推进体制机制改革，发挥市场在资源配置中的决定性作用和更好地发挥政府作用，激发市场活力；七是扩大全方位对外开放，打造扩大开放新高地和对外合作新平台。

投资需要长远心态

其实仅从这七点看，这些放在其他大都市也都适用，并不能由此成为雄安新区的特有远景。事实上也是这样，雄安新区刚开始规划，最终细则还有待观察。总的来讲，这是京津冀合作的一个组成部分，是最大的一个手笔，它会承担北京非首都的一系列功能，对于大城市病的整治也是一种探索。

什么是北京的非首都功能？像企事业单位、一般行政单位、医疗教育、央企，都是中国特色，一定程度上北京承担了政治中心、文化中心、外交中心和科技创新中心，同时，它也承担着经济中心和金融中心的功能，而这些功能在世界上很多国家和地区是分解的，对大城市的压力就会轻得多，也符合合理开发、有序开发、和谐开发的原则。说雄安新区是中华人民共和国成立以来最大的一个规划也不为过。

当然，这种开发会有一段时间，也会为中国经济注入新的活力，是一个长期的事情，不是几年、十几年甚至几十年就能完成的。规划也好，建设也好，都是一个有序推进的过程，这一点大家一定要有心理准备。当然，股市上投资者的心态都是简单粗暴的，恨不得把所有的利好在一天之间就透支完，所以市场炒作高烧不退也正常，但是如投身其中，大家一定要有立足长远的一种心态，把握好节奏，避免高位站岗。

总的来讲，这是事关国计民生的大事，好饭不怕晚，这一举措有足够的时间让大家品味、品尝和分享。

2017 年 4 月 10 日

注册制
生米变成熟饭

说话是门艺术。

有些话说早了，没事；有些话说晚了，没事；有些话正当时，但是，说了就是事，所以不如不说或者多一事不如少一事。

这叫时宜。

没有办法的办法。

眼看时间进入4月下旬，《中华人民共和国证券法》（以下简称《证券法》）的修改正式进入全国人民代表大会常务委员会的审议程序，各路大咖议论纷纷，公说公理，婆说婆理。此时此刻，说轻说重都不要紧，广开言路就是这个意思。不过，一旦完成修订再说三道四，一是晚了，二是添乱，三是没事找事。

IPO 不受股市影响

注册制同样是回避不了的话题。

因为《证券法》修改有个过程,同时管理层急于推进注册制,所以,即便在股灾发生之后,人大常务委员会依然有个授权,授权国务院在两年之内推进注册制改革。尽管刘士余上任之后把这个授权解释为人大是许可国务院推进注册制的研究而不是实施,但是毕竟时间是有节点的,授权是在2015年底作出的,现在将近一年半,还有半年的时间,阶段性成果恐怕是要报告人大常务委员会的,干或者不干,如何干,是修法就可以了还是要继续授权,必须有个说法。毕竟,注册制是写入十八届三中全会公告的,不是技术性的规范,而是资本市场的重大规则性的制度建设,不是小事而是大事。

躲得了初一,躲不了十五。

注册制本身无所谓利好利空,牛市说不上利好,但是熊市必定是利空。2015年上半年市场情绪亢奋,没有人把注册制当回事;但是下半年股灾,注册制就成为替罪羊。股市上很多事情是没有道理好讲的,人多嘴杂,利令智昏,可怜之人必有可恨之处。但是,市场就是这么个集合体,给点阳光就灿烂,给点洪水就泛滥,他可以不仁,你不能不义,事缓则圆。

刘士余把握住了市场的心理,对策就是温水煮青蛙,不知不觉间,生米煮成了熟饭。

IPO,大牛市的2015年一共是219家,融资1 586亿元。大熊市的 2016 年是 227 家，融资 1 504 亿元。大熊市的 IPO 超过了大牛市的 IPO，证明了什么？

IPO 不是股市的牛熊因素！

所以，倒推回来，不管牛市还是熊市，IPO 就是 IPO，IPO 毁不了牛市，停止 IPO 也救不了熊市。

结论就是，指数涨跌归指数涨跌，IPO 该怎么发还是怎么发。

不叫注册制的注册制

所以，才会有上交所发行中心的执行经理顾斌的言论，按照 2016 年的最高速度发行，每月大概有 50 家上市，每星期有 10 家，即便按 2016 年 11、12 月的速度，2017 年预计 IPO 会突破 500 家，融资超过 3 000 亿元。

500 家，这个数字几乎是 2016 年的两倍，IPO 的堰塞湖不过 600～700 家，一年之中可望全部解决，表面上看非常怕人，但是融资额 3 000 亿元和定向增发 1.5 万亿元和大股东减持 5 000 亿元比都是小巫见大巫！

当然，前提是小巫和大巫不可并存，否则，小巫就成为压死骆驼的最后一根稻草。

这一点，刘士余是明白人。他明白自己要什么，他要的是 IPO 为拟上市公司雪中送炭，而不是为已经上市公司定增锦上添花。权威人士给股市的定位就是融资，看清楚是融资而不是再融资！一句话，收紧定增这个利益输送渠道够 IPO 5 年的发行！

IPO 是看得见摸得着的政绩，往大了说是引导资金"脱虚向实"支持中国经济产业升级；往小了说是平衡市场需求、平抑股价泡沫和降低金融风险，一举三得，刘士余何乐而不为？

注册制不就是这个结果吗？

现在的 IPO 是不叫注册制的注册制，发行模式叫什么不重要，谁审不重要，审什么也不重要，重要的是短期对市场的冲击和长期市场的压力能否平衡，指数能否平稳。

"成功不必在我，而功力必不唐捐。"

让我们以此和刘士余共勉吧。

2017 年 4 月 24 日

告别非常态，
加不加息不是问题！

美联储加息没有悬念。正因为没有悬念，道指的表现基本上是波澜不惊，而纳斯达克指数则有点断崖式下跌的味道，但是，这又和前期科技股的暴涨有一定关系。地球人都知道，苹果和特斯拉已经成为最大的做空标的。

有悬念的是中国央行会不会跟随？

如果跟，是一个正常的决定；如果不跟，是一种变通的策略。

行动胜于语言

先说跟，香港立刻就跟了，因为香港是联系汇率，盯住美元的政策；内地如果也跟，那么在汇率上是不吃亏的。事实上，美元加息后是大涨的，而人民币在岸离岸双双高开低走，离岸人民币兑美元国内累计跌幅超250点。

再说不跟，很简单，美元再次走强，人民币的贬值压力就加大，这次不跟，下次也不跟吗？美联储2017年第一次加息是3月15日，中国央行没有跟随，但是银行间同业拆借市场的利率一直在涨。即便央行自己撒的"麻辣粉"和"酸辣粉"（也就是所谓的中期借贷便利（MLF）和常备借贷便利（SLF）），利率也是在不断抬高的。最新的一年期的中期借贷便利的4 890亿元，利率3.2%。简单点讲，央行虽然没有对老百姓加息，没有直接对企业贷款加息，但是对于两者中间的银行借的再贷款是加息的，资金的成本事实上抬高了，其中冷暖银行自知。

嘴上说不，身体却很诚实。

就是这个意思，自己领悟。

政策不过殊途同归

当然，美联储加不加息本身也是各种因素博弈的结果，有政治因素，有经济因素，有美国因素，也有国际甚至中国因素，有共和党因素，也有民主党因素。

大家都知道，美元上一次加息是2006年6月29日，之后则进入降息周期。中间发生了全球金融危机，美联储10次降息，利率从5.25%降至0%～0.25%。美联储量化宽松救市，负债表从5 000亿美元扩张到4.5万亿美元。本轮加息则是在2015年12月底才确定。按理说，一旦确认可以加息，前提自然是经济复苏或者经济过热，加息就是一个持续的过程，当然也是一个确认经济不断向好的过程。表现在股市上，一般加息初期，股市的反应是不跌反涨，加息加到 6 次以后，企业的成本会明显上升，对业绩构成压制，股价才会反转。但是，这一次美联储加息，一开始就犹豫，甚至中国的股灾引发的全球股灾都成为一个重要的理由，而中国因素消化后，美国国内的大选又成为另一个因素。整个 2016 年只有一次加息，还是在大选尘埃落定的 2016 年 12 月底，特朗普胜选是 11 月初的事，耶伦是希拉里的支持者，大选年加息对于执政的民主党就是利空，因为很可能导致股市下跌怨声载道从而增加反对党共和党的支持率。选情和道指的关系也说明了这一点。当然，美国人是一个最讲实用主义的民族，特朗普胜选之后，道指同样积极响应，甚至连涨 5 个月，屡创新高，累计涨幅已经超过 20%。这反映了华尔街对特朗普经济政策的期待，尤其是其减税政策及基建投资，按部就班地加息从 2017 年 3 月开始，6 月是第二次，9 月估计是第三次。实际上，从时间周期而言，加息应该已经进入了中期。如果美联储在 9 月启动缩表，那么全球性的挤泡沫就正式开始了。

中国挤泡沫的行动比美国更早。2014 年以来，中国政府一直在去杠杆，而去杠杆的重点又在金融领域。2017 年是直言要排除金融风险，清理银行委外资管业务是重中之重，这些举措对于习惯了在流动性过剩环境中玩虚的钱生钱游戏的投机资金是灾难性的打击，不过却是政府引导资金"脱虚向实"的必要的刮骨疗伤，阵痛难免。因此，如果此时不选择加息，很大的考虑是担心用药过猛，导致并发症休克。更何况，M2 已经降到了个位数的 9.6%，政策信息的传导需要一点时间。

环球同此凉热,货币政策殊途同归。

告别非常态而已。

2017 年 6 月 16 日

第二章

夜阑卧听风吹雨

　　经过股灾的洗礼，惊魂甫定的股民又一次顽强地站起来了。看着美股节节攀升，而A股还在上蹿下跳，何时能走出"猴市"？何时不再是风雨交加的"杠杆牛""国家牛"，而是实打实地牛起来？我们在忐忑地等待着答案，那入梦的铁马冰河，胜利的号角请快快吹响。

反思：
股灾会不会卷土重来？

讲一个故事。

一件过去的事，关于新经济纳斯达克泡沫的事。

2000年纳斯达克指数冲到了5 000点左右，谁最得意？克林顿！因为整个华尔街、整个美国、整个世界都知道克林顿是新经济的鼓吹者和倡导者。纳指如此辉煌，想不得意很难。但是当时的财政部长萨默斯提醒克林顿说："总统先生，你千万别在大庭广众把纳指的上涨和你的经济政策联系起来，为你自己的脸上贴金。"克林顿反问："为什么？"萨默斯说："因为股市怎么涨起来的会怎么跌回去。"克林顿听劝没有揽功。事实证明，萨默斯是对的，纳斯达克泡沫破灭，纳指从5 000点跌到1 250点，真的是哪来回哪去。

这个故事，说明了一个道理。

市场是市场，政府是政府。

两者千万不要搅和在一起，各行其道才是正道，如果当初克林顿表态，纳指的牛市是新经济的牛市，代表了新兴产业的方向、人类的未来，那么，泡沫破灭之时，美国政府该作什么表示，救或是不救？不救等于自己打自己耳光；救，拿什么去救，纳税人的钱吗？凭什么政府拿钱去拯救赌输的人，赌赢出局的人又该怎么办？美国市场是个国际市场，有太多的境外反美势力，恶意做空更是数不胜数，难道美国政府该向全世界宣战？

政府不可利用市场

市场是什么？

市场由交易双方构成，在股市里有看多的就有看空的，有买的就有卖的，或者反过来有卖的就有买的，这才构成了交易。有人赔就有人赚，有人赚就有人赔。政府又承担什么职能呢？监管，管什么，交易是否公平、公正、公开，是不是有人强卖强买，欺行霸市。如果政府参与其中，成为交易的一方，那么，市场也就不成为市场，交易各方都可以以此推责，把所有的问题都推给政府，请政府买单。政府的钱又从哪里来？政府的钱是纳税人缴的税，最终羊毛出在羊身上。前提是没有公平，成熟市场的政府不敢参与其中，救市更谨慎，除非出现不可控因素危及社会稳定，更不敢参与泡沫的制造，功利地利用市场达到自己的目的，如果有了私心杂念，心术不正，那么定位就出现了偏差。中国有句老话，"失之毫厘，差之千里"，还有句老话，上有所好，下必甚焉。政策上丁点的纰漏都会被市场好事之徒人为放大而不可收拾，人为地制造金融危机，这是人性使然，不以管理层的善良愿望为转移。纳斯达克的股灾持续了多久呢？从指数上讲，整整 15 年。直到 2015 年，纳指才重新看到 5 000 点，其中甚至规避掉了上一轮大牛市，在全球金融危机前的那波牛市中，纳指才到 2 500 点，没有人因此责骂克林顿、小布什，或者奥巴马。

证监会怎能为市场背书

中国 A 股的股灾 2015 年 6 月发生，至今才过 5 个月。其间中国政府救市付出的代价巨大，避免了系统性金融危机，非常不容易。各方也在反思中，吴晓灵主持的清华五道口金融学院更是出了 18 万字的报告，提出了 5 大问题，比如杠杆，比如舆论，比如投资者，比如多空失衡，比如新股。这些问题不是新问题，或多或少过去就存在，这一次被共振发挥了巨大的破坏力量。但是，显而易见，报告没有触及灵魂。此时此刻反思其实操之过急，时机并不合适，所以也不必苛求。

中国证监会自周小川任主席之后的历任领导人在厘清市场与监管关系上的努力有目共睹。证监会不管指数一直是管理层向市场传导的正确信息。市场有牛有熊，证监会不能为其背书，更不能轻率下什么定义。改革牛、杠杆牛、资金牛，这些词由券商嘴里出来就是忽悠，由管理层嘴里出来就是信用。市场牛变成国家牛，灾难就不可避免，这才是真正值得反思的痛点。非常可惜的是，现在慢牛的声调又重新成为主流，所谓国家牛的论调又成为朋友圈的话题。经济在下行，股市却要涨，连习近平主席都提出战略上要打持久战，战术上要打歼灭战，却总有人想每天在股市速战速决。现实和理想总是有差距的，这一点不可不察。

正常情况下，股灾一般不会短期内就卷土重来，当然，这不是我们盲目乐观的理由。

2015 年 11 月 30 日

前度"牛郎"今又来？

最近的沪深股市涨势不错，是不是牛市又来了？

我们有句话叫"三阳改三观"：一根阳线改变的是情绪，两根阳线改变的是估值，三根阳线改变的是信仰。所以，伴随着股市的上涨舆论又开始活跃，有人说牛市好像又回来了，曾经走丢的那个牛又回来春耕了。

换句话问，2016年我们有没有机会？有。这个机会是什么呢？超跌反弹，水皮给这一轮行情定性一直是超跌反弹，之所以能够反弹，有天时、地利、人和的因素。

天时地利人和缺一不可

天时。这一轮行情其实是由维稳行情演化过来的，两会期间上证指数的那么多根阳线其实都是假阳线，都是靠拉指标股、蓝筹股把指数维系住的。演变成突破性行情主要是受到美联储暂缓加息的影响，美联储暂缓加息影响了全球所有的资本市场，不光是股市，汇市、大宗商品期货也一样，所以，道琼斯指数走出了7连阳。

地利。地利就是2 638点这个位置的确是个低点，从3 600点一口气跌到2 638点，跌掉整整1 000点，在这个位置上再让它往下跌500点都跌不动。没有人肯在这个地方割肉，所以不反弹它就不会继续往下跌，跌多了自然会有反弹。

人和。人和就是指证监会主席刘士余，刘主席上任后的策略首先是做减法。不管是熔断的停止，还是新兴战略板的搁浅，包括注册制的暂缓其实都是做减法。一定程度上利空因素要小于预期。

还有没有别的原因？上个周末两条消息之后各种解读都有。有人说"这是一轮牛市而且是国家牛"，为什么？很重要的一个理由是"你看央行行长周小川说鼓励储蓄资金入股市"。其实这是一个很大的误解，周小川说的是降低储蓄率，让一部分储蓄的资金能够进入股本市场。这个股本市场跟入股市是两个概念，特别是同入二级市场更是两个概念。这是一个很大的误会，所以当天做了澄清。

另外一个是证金公司宣布恢复转融资业务，5个品种的期限从7天到半年都有，关键是还下调了各个品种的转融资的费率。这被市场解读成加杠杆，杠杆牛又来了。转融资说白了就是券商跟证金公司借钱，然后再借给投资客炒股，就是借钱炒股，最多时规模在1 100亿元左右，而现在实际上只有116亿元。券商跟证金公司能借多少钱，其实是有限的。救市时证金公司是跟券商借钱，证金公司手中的钱其实也是跟央行借的，所以它的钱也是有限的。

不必寄希望于加杠杆

上一轮牛市很大程度上能暴涨是因为加杠杆，而酿成股灾很大程度上也因为去杠杆。去杠杆一定会发生踩踏，大家争相出逃，跑不掉只能跌停，跌停位置上更跑不掉，那只能第二天继续跌。所以，我们一再提醒普通投资人尽量少用杠杆，最好不用，自己的钱炒炒是可以的，千万不要听券商忽悠去给人家当马仔。

人不可能两次踏进同一条河。政府会吗？上一轮政府已经被杠杆弄得焦头烂额了，而今年金融领域主要的任务就是去杠杆。你以为证监会会加杠杆鼓励大家炒股吗？中国政府会干这样的傻事吗？绝无可能。

计划永远跟不上变化。上证在3 000点附近震荡，周末又迎来了证监会的新闻发布会，会议上透露的信息被很多投资者理解成了利空。第一，证监会对战略新兴板做了澄清，说明正在做研究，既然是做研究就没必要列入"十三五"规划，"十三五"规划说的都是大事。言外之意，战略新兴板就是个小事。第二，公布了7家公司IPO，这个数量比上一次要多一点。第三，证监会注意到了场外配资抬头现象，证监会严厉声明将予以查处和打击，这就说明证监会的基本立场和态度，也证明我们所说的，证监会不可能再次加杠杆，不可能制造这么大的包袱自己来背，不可能跟自己过不去。

这一点,大家一定要保持清醒的认识,对自己有一点清醒认识,对证监会也要有一点清醒认识。

2016 年 3 月 28 日

A 股功能
首先是融资

趋势是可以预测的,而点数是无法判断的。

什么意思?股市毕竟是经济的晴雨表,从长期走势看一定和经济周期相向而行;但是指数则不然,指数是短期交易各方博弈的结果,乱拳可以打死老师傅,各种变量过多,猜得越多,死得越惨。

相信道理而非巧合

权威人士再一次出现在中共中央的机关报《人民日报》,再次发表对于中国宏观经济形势的分析和判断。水皮在周一前所未有地在开市前预警,多头请睁眼,别再做白日梦,新一轮股市动荡难免。事实果然如此,当天上证大跌 81 点,跌幅 2.79%;深成指大跌 310 点,跌幅 3.07%;而创业板跌 75 点,跌幅达 3.55%。虽然从指数上看没有惊人的暴跌,但是联系到此前一个交易日已经出现破位大跌，K线形态上是连续的破位，此后数日虽然指数有国家队护盘勉强翻红，但是大多数个股跌幅持续，再下台阶已经成为趋势。

权威人士之前已经在《人民日报》出现两次，最近的一次是2016年1月4日"七问七答供给侧结构性改革"，当天指数熔断，2天后再次熔断。上证从3 600点直下2 638点，千股跌停上演，坊间称"股灾3.0"。更早，或者说权威人士第一次出现在《人民日报》是在2015年5月25日"五问五答中国经济"，6月12日A股上轮牛市见顶5 187点后开启"股灾1.0"。有人断言，权威人士出现之时便是股市暴跌之日，但是权威人士的访谈者告诉水皮其实不然，权威人士第一次问答之后，A股连涨4天，并非每次都是暴跌走势，K线留痕，所言不谬。

权威人士为什么权威？

不仅在于其位置，更在于其说法。水皮不唯上，不唯书，只唯实，所以认可、赞同、支持其说法，简单地讲，就是有道理。

这一次权威人士谈经济的题目是"开局首季问大势"，洋洋洒洒七八千字。从股市角度看，可以概括为三个意思：一是中国经济今后一段时间是L型，没有V型或U型的走势。作为经济的晴雨表，不要做不切实际的预期。二是不会再有人为的"国家牛"或"政策牛"，股市，包括汇市和楼市，都要回归各自的功能定位，尊重各自的发展规律，不能简单作为保增长的手段。三是目前金融系统内在的脆弱性决定股市的"超调"，并非投机力量决定，高杠杆是"元凶"，必须坚决去除。

市场开始自我调节

那么,股市的功能定位是什么呢?

"股市要立足于恢复市场融资功能,充分保护投资者权益,充分发挥市场机制的调节作用,加强发行、退市、交易等基础性制度建设,切实加强市场监管,提高信息披露的质量,严厉打击内幕交易、股价操纵等行为。

"今年伊始发生的股市汇市动荡,也反映出一定的脆弱性。要避免把市场的这种"超调"行为简单理解成只是投机带来的短期波动,而要从整个金融市场的内在脆弱性上找原因,其中高杠杆是"原罪",是金融高风险的源头,在高杠杆背景下,汇市、股市、债市、楼市、银行信贷风险等都会上升,处理不好,小事会成大事。"

还没看明白的朋友,可以想想最近证监会的政策信号,无论是对中概股回归的约束还是对跨界定增的解释,或者对退市进展的研究,传递的都是管理层该做的,至于指数的涨跌本来就不是证监会该管、能管、管得了的事情。

此处对融资的意义不再展开论述,这是市场对于政府的意义。权威人士不过再一次一针见血点破而已。现在在证监会排队上市的企业有 700 家,一周上 7 家两年都上不完,这样的堰塞湖在将来只会越来越大,靠注册制暂缓的"拖"字诀,拖得过初一拖不过十五,问题该解决的还是要解决,不能自欺欺人装鸵鸟,把头埋进沙子就装看不见是不行的。基于这个前提,加快 IPO 速度就是非常正常的结果。注册制甚至会超预期推进,国家队对指数的调控渐行渐远，市场会进入自我调节状态。也只有这样，市场的底才会在不知不觉中到来。

不破不立。

2016 年 5 月 16 日

新三板分层
能否"点石成金"?

"奇葩多如狗,僵尸满地走"的新三板还有救没有?大家都在苦哈哈盼着新三板市场分层方案出台。

说曹操曹操就到。

那么,新三板的市场分层是否真的就能"点石成金"呢?大家知道,新三板是证监会刘士余主席上任后唯一还抓在手里的一枚改革棋子,注册制推迟了,上海的战略新兴板推迟了,中国资本市场的实践,现在都寄希望于新三板来推进,所以新三板是有标志性意义的。

新三板不负众望,至少规模上如此,现在已经7 000多家了,到2016年年底要到1万家。各种各样稀奇古怪的公司,都在这个新三板上出现了。有整形第一股华韩整形,有隆胸第一股利美康,有家政第一股木兰花,还有包子第一股狗不理,豆腐乳第一股朱老六,泡椒凤爪第一股有友食品,安全套第一股诺丝科技,最后还有亚洲足球第一股恒大淘宝。

控制风险导致流动性缺失

《华夏时报》的记者统计发现，上述公司业绩增长还是不错的，第一股净利润同比实现增长的占比近八成。也就是说，业绩增长并不因为公司的特殊而有所区别。其实，这些特殊公司大多数都是消费服务类企业，这也符合中国经济结构转型的大趋势。

分析新三板的业绩要明白一点，就是它们的基数很低，所有7 000家公司的营收加起来也就1.1万亿元左右，利润800多亿元，基本上相当于两个民生银行的水平。新三板的起点很低，有点像创业板的雏形。另外，新三板里面亏损的公司也不少，而且亏损起来一点不比主板差，恒大淘宝就是代表。别看它是双料冠军，既拿了亚冠冠军，又是中超冠军，给中国人挣足了面子，但它的业绩亏损。2015年恒大淘宝的营收只有3.8亿元，看上去比2014年的3.4亿元增长了11%，但是亏损额惊人，亏了9.5亿元，比2014年的亏损额4.8亿元整整翻了一倍。

不过，让投资者头疼的还不是这些公司是盈利还是亏损，而是超过一半以上的新三板公司全年连一股交易都没有，也就是说超过一半的公司其实就是僵尸股。

这个状态当然跟新三板门槛较低、鱼龙混杂有很大关系。另外，投资者的门槛却很高，单个投资者户头上的净资产要超过500万元，比一般公司的净资产还要高，为的是控制风险，但风险是控制住了，市场的流动性也就丧失了。这个状况当然不是证监会希望看到的。

活力值得期待

为了改变新三板这一状况,证监会也做了很多努力,最主要的就是给新三板分层,1万多家公司,大家看都看不过来,怎么让投资者保持一定的关注度呢?答案就是分层。第一个层面基础层,还是协议转让,只要你看得上,对方愿意转让,你们就私下一对一谈判;第二个层面培育层,引入做市商制度,让券商充当做市商,有买有卖,至少让这个市场活跃起来;第三个层面创新层,可以引入竞价交易,这是水皮早就提出来的一个建议。不引入竞价交易,交易结果就很难说反映了市场的真实需求,也就是说新三板的定价功能其实都是要打问号的。

一旦引入竞价交易,毫无疑问就跟主板接近了,所以门槛相对比较高。即便这样,按照刚刚发布的《全国中小企业股份转让系统挂牌公司分层管理办法(试行)》(简称《分层管理办法》),能满足这个条件的有900多家,新三板一定程度上可以挑战A股了。

热闹归热闹,就像刚才说的,新三板中各种各样的公司都有。表明新三板具有活力,至少不缺乏想象力。这个市场非常宽容,这对于"万众创新,大众创业"也是有帮助的。另一方面,僵尸企业遍地,也说明这些公司起点相对较低。如何在活跃度跟风险控制之间找到平衡点,这是我们对证监会的期望,毕竟这个市场如果长期僵尸化,缺少投资者的参与,就很难说得上成功。

2016年5月30日

美股和 A 股的差距
咋就这么大哩?!

这是张惠妹的歌:《站在高岗上》。

连绵的青山百里长呀 / 巍巍耸起像屏障呀喂 / 青青的山岭穿云霄呀 / 白云片片天苍苍呀喂 / 连绵的青山百里长呀 / 郎在岗上等红妆呀喂 / 青青的山岭穿云霄呀 / 站着一个有情郎呀喂 / 我站在高岗上远处望 / 那一片绿波海茫茫 / 你站在高岗上向下望 / 是谁在对你声声唱

…………

高高的山岗,谁站在那,又在对谁声声唱?为什么同样是高高的山岗,道琼斯指数却可以一而再、再而三地创出历史新高,而 A 股却只能仰望 5 178 点声声唱?

大周期相似而小周期天差地别

9 年前,上证 6 124 点,美指 14 198 点,10 月同时见顶回落;

1年前，上证 5 178 点，美指 18 351 点，差不多 5、6 月同时见顶回落；今天，美国股市屡创新高，道指又刷新 18 622 点，而上证还趴在 3 000 点。

为什么？

我站在 5 178 点远处望，你却站在 18 622 点往下看。道指三次探底 15 370 点，上证两次探底 2 638 点。为什么美股能顶着加息创新高，而 A 股却在国家队护盘的格局下艰难挣扎？

3 000 点，何以成为巍巍耸起的屏障，青青的山岭又何日能穿过云霄？5 个交易日拉出 5 个阴十字星，每天都靠玩 V 字过日子，吊颈线一根接一根，这是耍酷还是什么？

有人知道吗？

券商是救世主吗？每天盘中高高拉起的钓鱼线不是出货又是什么？万科盘中屡屡树起的旗杆不是自救又是什么？民生银行盘中长长的上引线难道不是诱多？这些指标股画出的图形和大盘 K 线何以相似乃尔？

四大原因导致差距

首先，要搞清中美经济的状态，差异是巨大的，周期也不同。美国经济是在反复赶顶，2015 年加息一次，2016 年什么时候加息不知道。加了确定做顶，不加尚有空间可以想象。中国经济在下行周期，被动式下行，L 型也不知道拐点出现没有，半年 6.7% 和一季度 6.7% 一样，可能是拐点也可能不是，政府提出今年的波动区间在 6.5%～7%，也就说还有空间。时间则不好说，肯定不止一两年，可能要三五年。景气周期不一样，所以美国赶顶，中国是探底。美指或许是跨度一两年的大复合顶，而 A 股或许是一两年的复合底。

其次，国内目前出现流动性陷阱，M1 和 M2 出现剪刀差，企业存款激增，说明钱无处可去，投资意愿下降。这和民间投资下降是对应的。上半年民间投资增速只有 2.8%，是 15 年来最低。6 月其实是负增长。国家着急，连续 3 个月又是调研，又是开会，又是决策，但效果有限。过去两个民间投资"36 条"都等于白纸，一方面国有企业投资过猛会有挤出效应，另一方面真正值得投资的领域又为国企垄断形成"玻璃门""弹簧门"。从比例而言，政府投资只有 5 000 亿元的规模，民间是 15 万亿元，这是将来的隐患，后劲不足。

再次，是资产荒，万科之争就是表现。保险公司通过万能险集采大量资金，但是没有可以投的资产，怎么办？只有长线短投来炒股，万科如此，民生银行也如此。前海人寿相对激进，目标又是万科，所以引火上身；而幸福人寿则相对低调，大量收购北京长安街物业，除了天安门不可能卖，其他都有可能卖。

最后，必须提一下新三板，新三板目前挂牌将近 8 000 家，每天成交只有 820 家。流动性成为新问题，创新层推出也没有吸引来交易活跃，各方均在关注如何引流入此，主板的资金已经被盘算，通道如何打通、何时打通、谁来打通尚有悬念，但是打通恐怕是早晚的事，新三板大批僵尸股的估值不高，打通转板或者降低门槛引入资金推出竞价交易对标主板是早晚的事。主板公司现在不过2 800家左右,主板身边躺着这么一个巨大的新三板,多少人能安然入睡?

中国的市场是一个建设中的市场,不但规则、交易、制度、执法、舆论、意识、观念、文化要建设,需要时间,供求也是一个巨大的变量,一会儿供不应求,一会儿供过于求,一会儿新股一字板涨停,一会儿一字板跌停,一会儿溢价发行,一会儿跌破发行价,体量在不断扩大,而美股则相对稳定。所以,即便8年一个大周期,中美股市一致,但是短期却不一样,在牛熊之间,A股更像猴市,上蹿下跳。都是股市,美股、A股,差异就是这么大。

2016年7月25日

A 股的套路
是世界上最长的路

世界上最长的路是什么?

是套路。

A股在最近有一个大调整,媒体的解释是四大利空,第一个就是保监会对万能险的收缩。《证券时报》在报道保监会征求意见稿的同时采访了中金的专家,他们估算会影响到6 000亿元万能险从股市的撤退。这的确是一家之言,不见得最后就是如此。所以,保监会发表澄清声明是没有问题的。但是,听话听音,保监会承认正在征求意见,也就是说,有这件事,所谓不实是最后没有落定而已,此地无银三百两。

结果就是盘面的走势,冲高回落。

下跌是内在需求

以前水皮提醒过,货币政策在今后一段时间肯定是从紧的,

M2 为 13% 是不可持续的，现在 M2 下降到 10.2% 还不够，M2 必须继续下行，先破两位数，再说企稳。中国经济现在最大的问题是流动性过剩，发了太多的现实流通中不需要的货币，对于经济并没有刺激作用；相反，这一部分逐利的资金到处打游击，搞得乌烟瘴气，冲到房地产，房价暴涨；冲到债市，债市狂涨；冲到股市，股市走牛。反过来，从哪里撤出，哪个市场就暴跌。暴涨暴跌就是这么来的。今后一段时间，钱紧是必需的。必须提醒大家的是，金融去杠杆刚开始，而不是尾声，一行三会的标准是一样的，证监会收紧私募理财产品有八项规定，银监会对理财产品不准保底同时不准分级，保监会针对险资有杠杆约束。万能险是首先整顿的对象，没有增量事小，减少存量事大，而 2015 年至今一共两次反弹，起因都是险资入场增持。从紧之后就封杀了类似的概念。要提醒的是，在投融资跳水之后一定是 GDP 跳水，而 GDP 跳水一定影响到 A 股走势，现在看不出不等于下半年没结果。

　　A 股下跌如果真是误伤的话，保监会澄清之后，A 股就会恢复，但是现在 A 股下得来却回不去，本身就说明，澄清不澄清无济于事，下跌不是万能险从紧，而是内在的需求。内在什么需求？不安全！这个点位不安全，不足以吸引场外增量资金，往上没有空间。重要的话说三遍：往上没有空间，往上没有空间，往上没有空间。

"国家队"救急不救穷

　　那么，短期往下有空间吗？

　　也不大。

为什么？

因为G20在即。G20第一次在中国开会，如果会议期间大跌岂不扫兴。但是，有这个想法的人多了，很可能，G20开会当天指数就跌了，这就是相反理论。从内心讲，水皮不希望在G20期间大跌，或者会前跌，或者国家队救市扛住。

那么下一个问题就是，国家队会扛吗？

国家队作为神一样的存在，事实上已经成为全民的对手盘。不得不说，这一届股民不行，国家队的出现是迫不得已。是救急的不是救穷的，所以大盘只要不出现断崖式下跌就没必要入场干涉。如果有前度牛郎今又来的舆论氛围则是减持的天赐良机，涨时不涨，难道跌时雪上加霜？由此，各位明白国家队在工、农、中、建、交、上各银行减持的意义了，在二级蓝筹上的减持也如此，包括万科更是如此，减持就是减持，千万别一厢情愿解读为"慢牛"，指数是证监会调控得了的吗？真能调控又怎么会有股灾的出现呢？这是市场规律，价值规律，不以任何人的意志为转移，你接受或不接受都这样。说一千道一万，经济下行要求牛市就是不讲理，自欺欺人，活该套牢。

保监会澄清没有用，说明市场内在有调整的压力，自己理解吧！

谣言，传言，澄清，都是套路。

2016年8月29日

谢百三真正担心的是什么？

股市是个挣钱的地方，不是讲道理的地方。

这个简单的道理，水皮用了 20 年才想明白。当然，这期间也经历了若干牛熊周期的转换、纸上财富的起伏、个人情感的大喜大悲。遗憾的是，并不是所有人都能接受这种想法，谢百三就是其中一个。中秋节他的一篇《望月说股》的檄文在网上刷屏，与其说这是一个教授在说理，不如说是一个男人在骂街。

骂什么街？

骂证监会，骂刘士余，骂刘士余领导下的证监会居然把上市 IPO 当作精准扶贫的手段和工具，当作向上邀功请赏的秀场，牺牲成千上万投资者的利益，最后气急败坏公然威胁"我上面有人"，再不改正，让你吃不了兜着走。

甘蔗不会两头甜

谢百三教授和水皮是校友，不过谢教授的专业是经济，研究股市的时间比水皮炒股的时间只长不短。谢教授难能可贵的一点就是自始至终都以散户代表为自己定位，观点、立场、情绪，一如既往。虽然他的很多观点水皮不敢苟同，但是他那种"为民请命"的精神还是挺让人佩服的。刘士余上任之初就专门打电话给他，这也表明谢百三的江湖地位，也显现出刘士余对他的尊重。谢百三这次对刘士余的攻击有点恩将仇报之嫌，答案只能有一个，刘士余的做法触及了包括谢百三在内的广大散户的根本利益。

什么是散户的根本利益呢？

当然是挣钱！当然是解套！当然是保本！

虽然在目前的熊市中挣钱很难，解套更难，保本是难上加难，但是，散户不这么想。散户想的是为什么每天都有涨停板，为什么涨停板不属于我，为什么别人能挣钱而我就活该踏空？我不服，我要挣钱，所以我要进场，我要追涨，我建仓就套牢不公平。一边骂IPO没完没了，一边又乐此不疲打新股；一边骂庄家操纵不得好死，一边又恨不得自己的股票天天一字板；一边呼吁国家队救市不可退出，一边对行政干预又大加痛斥；一边反对注册制市场化，一边又对IPO绿色通道破口大骂。看似矛盾之极，其实就一个字，利！利令智昏！播下跳蚤，不可能收获龙种。凡事皆有因果，救市就有政策干预，不要注册制就有寻租现象。甘蔗不可能两头甜，道理不可能都在你们家。

正视问题才能解决问题

A股不是美股，A股从诞生之日起就是改革开放的广场，"搞不好可以关"讲的就是政治，当然使命就是融资，集中社会资本为经济建设作贡献，脱离这一点，A股连出生证都拿不到。事实上，很长一段时间，A股IPO的立足点就是为国有企业"解贫脱困"服务。当初国有股市价减持打的也是充实社保基金缺口的旗号，推出创业板更是为创业资本退出提供渠道。因此，在管理层眼里，股市的定位就是融资，这也是政府的诉求。一个失去融资功能的市场对于政府而言毫无意义。既然是市场，调节还是应该由市场自身完成。控制好节奏就双赢，控制不好就双输。

这就是我们面对的A股，世界上有没有完美的股市？也许有，但不是现在的A股。作为一个投资者不要想着去理想化这个市场，否则就会血本无归；更不要想着去改造这个市场，否则就会怀疑人生。我们要做的就是直面这个惨淡的市场现实，找出行情波动的影响因素，摸索群体心理的变化轨迹，以先知先觉避免后知后觉，以吃肉代替割肉，以高抛低吸替代追涨杀跌。一切不以挣钱为目的的操作都是扯淡，一切挣不到钱的操作都是坑爹，点儿背不要怨社会，套牢不要骂政府，谁也没拿枪逼你买股票！

最后为证监会说句公道话，IPO扶贫就是中国式的讲政治，"即报即审，审过即发"并不等于降低标准，更不代表弄虚作假，不必过度解读。注册制的影响才是真正根本地改变市场规则。谢百三不过是借题发挥，指桑骂槐而已。不信你问问谢百三，他真正担心的是什么！

套牢不可怕，可怕的是解不了套。

2016 年 9 月 19 日

天不时，地不利
"人和"行情替谁解套？

深港通开通前的最后一个交易日，A股突然变脸，上证指数跌幅将近1%，深成指为-1.58%，创业板指数更是达到-1.76%。利好出尽是利空，A股历来有见光死的传统，这一次也不例外。更何况，这个概念在市场上炒作了将近半年的时间。

但是，概念就是概念，理想更不是现实。

"水牛"行情信不得

由于沪港通在两年前开通之际正逢大牛市，所以不少人就把深港通和沪港通作类比，期望出现想象中的大牛市，这种愿望不能说完全是痴心妄想，但是的确有点牵强。必须清醒地认识到，中国A股的跨年度大牛市背后的确都有政策因素，换句话讲就是都是人为的"吹牛"行情。无论大家给出多少定义，"政策牛""改革牛""现金牛""杠杆牛"以至于所谓的"国家牛"，本质上都一样，是流动性过剩背景下的"水牛"。有政府的想法有现金的充裕，沪港通充其量是点把火而已，干柴烈火，首先要有干柴才能引起烈火，现在显然干柴不够分量，或者说只有湿柴一堆。

为什么这么讲呢？

因为有前车之鉴。在如此短的时间内让政府再发动一波大牛市几乎不可能。股灾尚历历在目，国家队尚在市场中（从这个角度讲，这是一波给国家队解套的行情还差不多）；另外，现在的流动性状态今非昔比，不说最近可能的钱荒，就说人民币不断贬值背景下的外汇储备的速度也令人不寒而栗。外汇储备两年来事实上减少了相当的数量（中国外汇最多时3.8万亿美元，现在为3.12万亿美元，每年中国贸易顺差5 000亿美元，外商直接投资1 000亿美元，里外里相加减少的数目相当大），而外汇占款人民币投放一直以来就是M2居高不下的因素，别看现在"资产荒"，未来不久一定会有"资金荒"的结果。天不时，地不利，光有人和能成事吗？

不利因素正在发酵

当然，这一波行情来势凶猛，"牛劲儿"十足。从黄金周的第一个交易日算起，上证指数有300点涨幅，整整10%；而从2 638点算起，上证指数更是有近663点的上涨，差不多就是25%。大家知道，25%的幅度差不多就是牛熊的分界线，之下是反弹，之上就是反转。所以大家想象"慢牛"千呼万唤终于出现也是情有可原的，不过，的确只能说这是结构性行情。深圳即便有深港通作为诱因，但是10月以来就基本没有跟随上海突破，而创业板甚至低于当时的指数，最蹊跷的是恒生指数，不但没有追随道指创新高，反而走出破位走势，一蹶不振。答案是什么不知道，其中缘故需要时间才能分辨。过去的一个月是李大霄的幸福时光，也是国家队的幸福时光，更是机构投资者特别是保险资金的幸福时光，首先是利好不断，各地政府对房地产调控的政策出台让人看到了炒楼资金转战股市的可能，之后是期货市场对于黑色系的炒作让"煤飞色舞"找到了上行依据，再就是债转股政策出台让股权转让概念大行其道，还有混改概念点燃国企改革的梦想，甚至美国大选都成为 A 股上升的助力。一方面，道指屡创新高营造牛市氛围；另一方面，特朗普的基建言论也为"一带一路"中字头火上浇油。最后就是保险力量的横冲直撞，既有安邦狂扫中国建筑，也有前海人寿鲸吞格力电器，更有恒大大宗接盘万科，完全是星火燎原之态，挡都挡不住。这一切足以让大家对 A 股潜在的巨大利空视而不见，最大的利空就是人民币汇率大幅调整引发的流动性短缺，其次是美联储加息引发的全球货币紧缩周期拐点，再有就是中国特色 IPO 新股扩容。新股发行速度已经超过牛市顶点时的速度，注册制正在悄然逼近，市场狂热时这些因素让大家选择性失聪；市场冷静之后，这些不利因素会渐次发酵，市场能够承受多少？

　　大多数人对未来的判断是受现在情绪影响的。A 股走好，分析师们对 2017 年的调门就越来越高。高盛都看好到了 4 400 点，经济学家更是言辞凿凿中国经济 L 型已近底部，问题是一旦中国经济随地产调控再次探底，这一切恐怕都不成立。

2016 年 12 月 5 日

"二八"
行情犹未了

3 000！

不是点数，看清楚，这是家数。

没错，中国股市现在的上市公司超过了 3 000 家。无论从哪个角度评论，这都是一个非凡的成就。资本市场作为资本主义社会的最高资本形态在社会主义初级阶段的中国能取得如此进步，本身就是一个充满了奇思妙想的创新，这种创新是社会的进步，是市场的进步，也是人类的进步，是文明的进步。

劣币驱逐良币令人痛心

2015 年中国 A 股让上上下下折腾得够呛，现任证监会主席刘士余愤怒的言论也成为网上热搜。各路资金进入市场浑水摸鱼，横冲直撞，加杠杆让人防不胜防。暴涨之后必有暴跌，难怪管理层如此敏感，因为一地鸡毛的打扫者不可能是割韭菜的"野蛮人"，只可能是看摊的管理层。刘士余不想背黑锅是人之常情，但这不是一般的投资者可以理解和能体察的。

尾大不掉。

林子大了什么鸟都有。

中国的A股既有主板、中小板、创业板，也有规模接近万家的新三板以及散布于各地的小四板，层次不可谓不多，产品不可谓不丰富。无论如何，划分无非是绩优或绩差两类，令人痛心的是劣币驱逐良币。"炒垃圾股套牢一时，炒蓝筹股套牢一世"就是最好的写照。风水不是没有轮流转的时候，股灾之后国家队进场护盘救市就已经埋下了伏笔，券商主力被人为地封为国家二队也顺理成章，一队、二队手中的股票大部分是蓝筹股，大部分是央企，大部分是金融，这种格局决定了反弹的机会大概率在国家队套牢的蓝筹股上。结构性行情的背景是流动性趋紧，此时不走更待何时？

稳中向上是人心所向

从2016年"十一"黄金周到现在，上证指数涨幅超过10%，但涨的只是中字头、大蓝筹、"金三胖"，中小创则是哀鸿遍野，眼看着满仓踏空而指数涨得像"股灾"。这种不平衡，其实不但体现在不同的板块上，就是同一块板也是苦乐不均。"金三胖"中保险股涨得最好。保险股中涨得最好的是中国人寿，其次是新华保险，再者是中国太平，垫底的是中国平安，涨幅分别是4.12%、2.63%、1.42%和0.99%。形成对比的是，它们对应的市盈率分别是40.37倍、22.88倍、23.56倍和8.94倍。别困惑，这真是大蓝筹的姿势。显然，如果不是中国人寿高估，那么就是中国平安低估。有意思的是，就在2016年12月9日，中国平安在厦门举办策略日活动，首次对平安寿险的估值以及平安集团个人业务的商业模式及经营成果进行阐释，这一做法在中国金融业是首次，而此前汇丰等投行也宣布调整对中国平安的估值标准，取消综合金融集团的估值折扣。根据平安的介绍，目前只为超过1.22亿元金融客户和超过2.98亿元互联网用户提供服务，其中：金融客户中高净值客户人均持有9.98个金融产品，全量客户人均持有2.16个金融产品，金融客户人均利润为195元，上半年个人业务净利润为238.5亿元，个人业务内含价值从2014年的3 052.5亿元升至现在的4 168.5亿元，未来可以释放的利润空间为3 863亿元。但是，中国平安的股价就是不温不火，大牛市如此，震荡市如此。股价表现都不如中国人寿和新华人寿这样的老牌央企，想想也是让人醉了。什么叫理性投资，什么叫价值投资，什么叫长期投资，有标准答案吗？中国平安旗下的陆金所即将在香港挂牌，据估计市值可达500亿美元，而平安在A股才6 738亿元人民币。前海人寿有钱增持格力引火烧身，不如投资平安攀龙附凤。

拥有3 000家上市公司的A股就如同刚刚三十而立的年轻人，到了走向成熟、担当、尽责的年龄了。老大不小的不能总让人担惊受怕，上蹿下跳，稳定、稳健、稳步、稳中向上才是人心所向。

2016年12月12日

股指期货
"平反昭雪"

这个世界上有很多事情没有道理可讲，或者说不能讲道理，只能讲两个字：时宜。

何谓时宜？

时间很重要，在不合适的时间讲正确的话的效果和在合适的时间讲错误的话的效果是一样的，都不能被接受。

股指期货松绑，官方报道的评论是"对市场不会有什么影响"，这样的评论不能说不对，但是，还是不讲为宜。早知今日何必当初呢！

不能做股灾的替罪羊

当初，股指期货基本上成了股灾的替罪羊，必须自宫才得以自保。当然，和关门相比，自宫好歹保条命。留得青山在，不怕没柴烧，留口气才有回来的可能。如果有谁在 2015 年 7 月也敢公开跳出来为期货证明，估计他早被网上千万股民的唾沫给淹死了，连平反的机会都没有。

股指期货不是股灾的罪魁祸首，这点华尔街的经历早已证明。最著名的就是 1987 年美国股灾。1987 年 10 月 19 日，美国股市无端暴跌逾 20%，其中道指跌 508 点，由 2 246.74 点跌至 1 738 点，跌幅 22.6%。由于现货撮合成交缓慢，到上午 10 点，30% 的标准普尔 500 成分股无法开盘，与中国发生股灾时千股跌停类似。但股指期货成交较快，标准普尔 500 期货当天对现货贴水超过 14%，对非标指数的贴水超过 20%。包括萨默斯在内的美国朝野上下都有对期货的指控。经过数十年的调研，美国财长布雷迪牵头的报告最终为股指期货正了名。不幸的是，中国市场把美国的老路重新走了一遍；幸运的是，中国市场重整的时间不长，两年就恢复了正常交易的时间表。注意，还没有恢复到自宫之前，中金所的公告出来后不少投资者都在问，原来的标准是什么。在水皮看来，原来做期货的是没有开仓手数限制，股灾期间先是限 100 手，后来限 20 手，再后来限 10 手，流动性基本被扼杀。如今，平仓费用由万分之二十三调整为万分之九点二，保证金标准由此前合约价值的 40% 调整为 20%，中证 500 股指期货则由 40% 调整为 30%。虽不尽如人意，但是至少表明，管理层确认股灾结束，股指期货逐步回归正常。

本质上就是一种工具

回归正常有什么好处？

最大的好处是机构资金敢于大规模进场做市。中国股市在个股上并没有做空机制，想挣钱只能买股票不能卖股票，买了股票只能涨不能跌。但谁也不是神仙，谁敢保证一定涨呢？股指期货可以做空，可以为大资金提供对冲，可以为大机构提供套保空间，相当于上了一道保险，期货的杠杆作用又放大了这种保险，让持仓机制心安理得。至少，一旦下跌不会血本无归，在做空上可以捞回本钱，若非如此，机构资金只能选择观望。

回归正常又有什么坏处？

最大的坏处和最大的好处可谓一枚硬币的两面。机构开的套保仓一定是空仓，也就是说空单会大增，而一旦市场上没有上行动力，那么空单对于指数就有下跌的暗示和引领，散户之所以对股指期货义愤填膺，首先在于股指期货门槛高，50万元的入场费挡住了不少人；其次，T+0交易；再次，可以双向做空。换句话讲，股指期货的好处散户得不到，坏处或后果却要共同承担，这不仅是情绪管理的问题，也的确是制度设计的缺陷。制度不合理，也难怪散户不讲理，要求取消股指期货的声音也就持续不断。其实，早在2014年的熊市，中金所的领导就和水皮沟通过推出MINI股指期货的想法，但最终不了了之。若真实现，大家至少心理相对平衡。现在的市场建设，机构和散户对垒，一个手中飞机坦克，一个手中长矛大刀，机构胜之不武，散户输之不服。

不配套是硬伤。

一是个股不能做空；二是现货T+1；三是期货带杠杆；四是融资融券极不平衡；五是资金实力不对等。

说到底，股指期货本质上是一种工具，助涨也助跌。具体到中国，只要不是大牛市，那么贴水就是大概率现象。利好利空各自理解。

2017 年 2 月 20 日

美元加息
阴差阳错

美元如期加息。

尽管有点晚,但是好歹还是加息了。根据此前的预告,美联储或许在 2017 年度还会加息两次,这已经成为计划中的事情,没有什么秘密可言,让人感到意外的是道指的走势,居然在加息后顽强上涨,涨幅还不小,创下了近段时间收盘的新高,这就形成了困惑,说好的下跌呢?

说好的下跌其实在之前的 7 个交易日已经有所反映,从 K 线图上看,7 个小阳十字针就是最好的消化。所以,到加息公布时就变成利空出尽成利好。当然,这个利好没有含金量,只是接近生理本能的反射,持续性不强。

加息也可能是利好

加息到底是利好还是利空,关键看处在加息周期的何种阶段。初始阶段，可以理解为利好，因为这是对经济复苏的确认，尽管有些滞后。水皮早年间专门写过一篇文章《加息的过程就是牛市的过程》，反映到上市公司业绩会有一个过程，至少一年以上。不过，凡事都有一个由量变到质变的过程，加息周期的中后期，就是一种利空，总有一次会变成压倒指数的最后一根稻草，因为加息终究会加大企业的财务成本，从而降低企业的利润，业绩出现拐点。

本轮美元加息是从 2015 年底开始的。这是自金融危机美国量化宽松救市后的第一次。谁也想不到第二次可以拖到一年以后，而这次加息是第三次，也就是说已经走过了一年三个月的周期，而其间道指从最低的 15 500 点左右涨到近期的 21 660 点，涨幅远远超过 30%，一定程度上已经走完了一轮牛市，再涨高度有限，再牛可能的结果也是高位盘整，变现利润需要时间。特朗普的经济政策对美股构成了一定的支持，一定程度上可以对冲加息的利空。道指很有可能呈现一种跌不下来的状态，以时间换空间。

A 股则相反，表现出的却是一副涨不上去的样子，让人恨铁不成钢。

周五的暴跌不仅让周四的涨幅全数吐回，而且成交量放大不小，让多头好不容易激发的热情被活活闷杀。

A 股的资金为什么如此紧张以至于慌不择路？

次新股又进入博傻阶段

其实即便周四的反常也是基石不稳，因为带动指数上涨的动力来自次新股板块中券商和银行股的恶炒。恶炒到什么程度呢?连拉涨停直接被特停的程度,张家港行就是如此,涨停之后股价已经到达29.45元,市盈率接近80倍,这是一个银行股的市盈率吗?而中原证券同样成为当天涨停的急先锋,周五依然涨停开盘,尾盘价收12.32元,市盈率34.39倍,总市值483亿元,市盈率已然是一般券商股的一倍。而中原证券的H股是多少钱呢?中原证券的H股是4.45港元,折合人民币3.56元左右,H/A股的溢价是-211.53%,次新股的炒作已经进入没有最不靠谱,只有更不靠谱的阶段,完全的博傻阶段。风险的积聚已经到了谁都不敢睁眼看的程度,而本轮次新股的总舵主白银有色,上市以来从2元起步,连拉20个涨停板,一口气干到15.64元,盘中市值超过1 100亿元,换手率接近60%,市盈率则是骇人的909倍。周五开板,成交金额超过61亿元,这种个股乃至次新板块的疯狂已经超过大牛市末期,严重透支未来。

怎么涨?

美元加息,港元也跟着加息,人民币表面上没有加息,但实际上再贷款的利息也作了相应的调整。资金价格水涨船高,人民币再次面临贬值的压力。外汇储备也有可能重回下降通道,这是强势美元的必然结果,也让特朗普对于中国的指责自相矛盾。中国政府希望汇率稳定的心态比任何人都强烈,又怎么可能操纵汇率走低呢?这个常识,特朗普真不懂假不懂?真不懂,就让马云给他上上课;假不懂,就别再跟我们过不去了。

2017年3月20日

MSCI，
那都不叫事！

MSCI（摩根士丹利新兴市场指数）无疑是盆冷饭，但即便是冷饭，大家炒起来也是乐此不疲，反正下雨天打孩子，闲着也是闲着。

无聊。

为什么？

最新的消息表明，MSCI 提出的最新方案是一个缩小化方案，或者说是一个过渡方案。这个方案中入选的股票将从 448 只减少到 169 只。当然，建议纳入的只是沪港通和深港通的大盘股，而且有 H 股的 A 股还被排除在外。如此一来，A 股在 MSCI 中国指数中的建议权重从 3.7% 降至 1.7%，在 MSCI 新兴市场指数中的权重从 1% 降至 0.5%。指数的计算将以离岸人民币进行。

就是一个聊胜于无的方案，所以无聊。

新方案激不起大浪花

MSCI 的全称是摩根士丹利新兴市场指数，这是一个全球主要指数基金用于跟踪对标的指数。换句话讲，指数基金要根据权重配比合适的股票以反映相对指数的走势。对A股而言，进入MSCI将会吸引更多的海外基金配置A股，进而扩大对A股的需求或者加大外资进入A股的力度。按原来的设想，这会带来约900亿~1 200亿美元的增量资金，而现在规模越减越少，或许200亿美元都成问题。对于A股的影响今非昔比，更多是象征意义。有意思的是，和大家每年重提MSCI就如同打鸡血一般相比，今年则是意兴阑珊。

真是此一时，彼一时。

2015年前的市场，常规的日均交易量不过2 000亿~3 000亿美元。1 000亿美元还是个大数额，而现在A股的交易量动辄6 000亿元以上，最多达到2.5万亿元，200亿美元无疑杯水车薪，相当于一个小时的交易量而已，能激起什么浪？A股股民难道连这点世面都没见过？MSCI没有必要吊我们的胃口，再吊戏就过了，再吊就是自作多情，再吊就是把肉麻当有趣了。

中国是全球第二大经济体，MSCI全球指数中少了中国A股的权重本身就是个问题。当然，暂时不接纳A股也不是大错，因为中外市场管控理念的确不一样。A股救市力量犹在，行政干预没有完全退场，国家队若隐若现，这对境外资金的安全也构成疑问。事实如此，并非左右逢源，而是左右为难，既然为难，又何必勉强？

资金荒才是真问题

A股的事情还得靠我们自己。

几乎是和MSCI的方案挂网同时，周小川在博鳌论坛上的讲话开始刷屏。大意就是全球范围内宽松货币政策进入尾声，特别指出，量化宽松催生资产泡沫，不过这不是预期的结果，资本市场和房地产市场都如此。

周小川讲的是大实话，从美联储结束量化宽松开始到美联储加息，大家都知道飞机撒钱的时期过去了。周小川只不过把话讲透讲明白而已，不少人是揣着明白装糊涂，周小川的讲话让所谓的专家学者再也没了忽悠那些自欺欺人的投资者的幌子，至于对A股意味着什么，自己去琢磨，周小川是话中有话。

《水皮杂谈》早在去年底就提醒各位，资产荒的时代已经成为历史，我们马上进入资金荒时期。最近临近季末，银行间隔夜拆借利率飙升到了30%，不少人跪求资金但也未见四大行放水。并非偶然，港股上市的辉山乳业被曝资金链断裂，股价在债权人会议的第二天被打掉90%，半个小时蒸发300亿元市值，套牢了一堆金融机构。而港股再次扮演内地首富绞肉机的角色，随着M2从13%调整至12%甚至更低，可以想见资金会越来越紧。运用了高杠杆的机构何以持续？辉山乳业不是第一个，更不会是最后一个，这就叫去杠杆！没有代价的去杠杆是杠杆转移，真正去杠杆一定是残酷的，不是断臂就是割肉，也只有这样才能真正排除系统性风险的隐患。

心急吃不了热豆腐。

MSCI，那都不叫事。

懒得多说。

2017年4月3日

来赌！
未来一定涨过 5 178 点

近一年来，以上证 50 为代表的绩优白马股走出了大牛市般的行情。像贵州茅台这样的股票，已经创出历史新高。部分人士称，"中国股市的漂亮牛已经开启了。"而我经常劝投资者少看盘，多看报，在投资者欢呼雀跃时，给他们一些提醒。是我太悲观了吗？

周期要忍要等

其实我不悲观。股市在一切背景都不变的情况下，其实就是心理博弈的行为，心理情绪变化的行为。比如，政策没有变，领导没有变，产业发展方向没有变，那为什么股市可以在一天内从跌停到涨停？变的是人的心态。前一段时间很悲观，所以跌；后一分钟盲目乐观，就涨停。这就是人的心理。

以我对中国股市的观察，大家从一哄而上、一哄而散再到一哄而上，是有周期的，从高点到低点有大周期，8年一个大周期。从高点到低点可能需要5年，这并不是说这个过程中间所有的股票都会创新低。以我的观察看，最高点到最低点，到下一轮整个大周期中间有一个3+5的规律，3年5年的规律。所以我一直跟大家说你能忍3年，高点下来，忍2年不买股票，然后再做股票，包赚不赔，前提是你能忍得住。但是赌博的人是忍不住的，恨不得天天下注，从高点到低点你能忍5年左右，5年太长，4年，就大富大贵。

空仓者正等待下一轮机会

我的赌性比谁都大，但是我赌大周期。什么叫大周期？大周期就是一批股票可以涨10倍，或者涨4～5倍，这比天天盯着盘，一天涨停了，一天跌停了，要赚得多。

另外，我从来不认为指数跌一半就是见底了。我不悲观，我很乐观，因为后面一定会涨，而且会大涨，但前提是跌破，我对这个市场最纠结的是国家队救市以后，导致调整周期过长。股市如果涨过头，也一定会跌过头，你不让它跌过头，偏要在半空中托住，这样能行吗？

现在讨论熊市的末期或者是牛市的起点，时间上不够，调整周期不够，这是真心话，意义不大，像李大霄说的漂亮50，股市天天涨停板块有的是，"一带一路"、雄安……过两天再来一个什么板块，这是少数人的游戏。

我告诉大家，我是空仓，我从5 000点以上就空仓，新股都卖得干干净净。我只说空仓者的观点,我在等下一轮大机会。所以不要对未来失望,未来一定会涨过 5 178 点。

要忍,久赌必输,记住这句话。

2017 年 6 月 15 日

一个谣言
引发 A 股的不能承受之重

政治风险是一顶足以压死人的大帽子。不幸的是,这一回中枪的是万达。

合理想象害死人。

银监会排查国内民营企业海外并购的资金风险本来是正常的一种监管行为,文件发布的时间也是两个星期之前的事。金融机构根据自己的判断交易债券本来也是一种风险控制;但是,当这一切正常的行为被恶意解读成政治风险的时候,一切的正常都变得不正常。

中枪的不仅是万达。复星医药也是如此。海航和安邦同样不可避免。上点儿规模的民营企业都蒙上了一层说不清道不明的阴影。

怀疑一切。

政治风险面前人人自危。何况有点风吹草动都成惊弓之鸟的股市，造谣的可恶在于捏住了中国投资者最敏感也最脆弱的那根神经，那就是政治。

谣言惑众实可恨

谁说得清楚政治是什么？

但是政治似乎无处不在，更何况谣言的对象是中国的首富们，他们成为风险对象似乎暗合了搬不上台面但又似是而非的潜规则。

政治谣言惑众，手段下流，危害严重。

A股进入MSCI当天，指数震荡半天，又是高开低走，又是探底回升，尾盘急拉也不过涨了8个点，涨幅为0.52%。万达中枪当天，大盘上午在大金融等50指数的带动下才创出近期新高，下午在传言的攻击下就出现了放量暴跌的走势。上证指数从高点3 186点直落收盘的3 147点，盘中振幅达1.3%；深成指从盘中高点10 418点直落收盘的10 265点，振幅达1.5%；创业板亦是如此，盘中最高1 828点，尾盘收1 798点，跌幅达1.44%。更大的恐慌则出现在各方都已辟谣的第二天，早盘尚波澜不惊的盘面在临近午盘时突然跳水，上证指数跌幅达0.74%，深成指达0.7%，创业板则近1.2%，个股下跌数量接近90%，K线图上出现断崖式下跌的走势。这种情况恐怕连管理层都想象不到，而这还是在万科出现了近6%的涨幅并带动地产股走强的背景下，出现了万达大股东表示10亿增持股份并且高开高走的情况下，出现在保险股依然冲锋陷阵拉高指数的情况下，如果不是有这种对冲，而是共振，后果不堪设想。

处理好"清""亲"二字关系

股市有风险,但是不应该包括这种政治风险,而把政治风险和民营企业画上等号更是错上加错的事情。中国民营企业从无到有,从小到大,是中国改革开放的成果,反过来又证明了这种伟大的实践。什么实践?社会主义市场经济的伟大实践,自始至终,我们党的方针都是两个"坚定不移",即坚定不移地以公有制为主体,坚定不移地实行多种所有制经济共同发展,中国民营企业发展壮大到今天能走出国门并购跨国公司,本身是中国的成就,中国的骄傲,中国的实力,虽然在这个过程中步调有待统一,资金有待统筹,风险有待控制,但是在"一带一路"为引领的新型全球化的今天,方向无疑是正确的,民营企业和国有企业共同发展,民营企业家要处理好与政府和政治的关系。习近平总书记给出过清楚的答案,即两个字,一个是"亲",一个是"清"。"亲",即亲近;"清",即清白。在中国做企业,不亲近政府是不行的,但是要远离政治。和领导的关系更要清白,否则早晚会搬起石头砸自己的脚。

目前是金融监管排雷的非常时期,要防止出现系统性金融风险。要排除个别金融机构的风险,央行、银监会、保监会、证监会的系列举措会对市场形成一定的影响。刮骨疗伤也是必需的,市场要有一定的心理准备,这是一个存量博弈的市场,降低预期会更主动。

MSCI 的利好完败于捕风捉影的政治风险利空。

2017 年 6 月 23 日

第三章
柳暗花明又一村

"居者有其屋"的美好愿望早已有之,时至今日这依然是亿万人躲也躲不过的问题,也成了无数丈母娘的"斩男"利剑。不同城市"冰火两重天"但地王又频出的情况成了大家津津乐道的话题。新调控措施层出不穷,这些措施会成为"空调"还是崎岖山路过后的豁然开朗?我们拭目以待。

"不差钱"
未必是好事

蔡洪岩是北京地产圈的老人，也是传媒圈的前辈，对于北京的地产那是有点发言权的。最近，在他的笔下，一个"好端端"的丰台变成了"疯台"，其中的缘由耐人寻味。

地理上的丰台位于北京的西南三环和五环左右，类似过去上海的"下只角"或朱家角之类，老北京置业过去迷信南不过长安街的说法，现在当然是时过境迁不足为训，但具体到房价，丰台应该算是北京相对较低的区域。但是，就是这个区域却诞生了一个令人瞠目的地王，葛洲坝集团在经过百轮的激烈争夺后，以总价49.5亿元，配建41 000平方米保障房面积将樊家村地块拿下。根据业内人士的预算，这个价格下商品住宅部分的楼面价高达75 000元/平方米，溢价率达到50%；而融创2013年9月拍下的东三环农展馆地块曾经创下过73 000元/平方米的纪录也被一举刷新。

北京没有解不了套的地王

做地产的都一再强调"地段，地段，还是地段"，北京的东三环和南三环根本就不是一个区域的概念，相差的何止是十万八千里。但是，现在南三环的地价不但超过了东三环的地价，而且还成就了一个新地王，难怪蔡洪岩会惊呼丰台变"疯台"。在他看来，丰台区域周边的均价不过4万元，而葛洲坝集团的这块地不做到15万元/平方米都要亏钱，这几乎是一个不可能的任务，但是葛洲坝集团却不认同这个逻辑。在他们看来，北京没有解不了套的地王。

这才是痛点！

北京还真没有解不了套的地王。顺驰前年拍的农展馆现在就被葛洲坝集团超越了，而更早引起全国人民围观的则数2009年中化方兴拍下的广渠路地王，也就是现在大名鼎鼎的金茂府，当时地面价折合1.62万元/平方米，邻近的珠江帝景售价才2.3万元/平方米，2010年远洋地产抢下望京地王的楼面价是2.4万元/平方米，近邻首开国风上观开盘价2.5万元/平方米。当然，北京的地王和外地地王不一样，不但有杠杆意义，更有风向意义，树大招风也是没有办法的。当年温家宝总理在全国两会上控制房价有信心的表态刚说完，北京的地王就接二连三地蹦出来，更要命的是，拍下地王的无一例外都是央企制造，央视主持人在评论时幽了一默，看来中国的房价总理说了不算，总经理说了算。话似调侃，却一针见血，后果也相当严重：一是促使高层下决心整顿央企的业务整合，大批央企的地产业务退出；二是一度形成了规矩，央企不能轻易做地王。现在不过5年时间，房地产却已经"三十年河东，三十年河西"，但是，北京却在不断地产生地王，的确令人费解。

流动性过剩导致"劈叉"

北京或许只是特例,因为全国的形势并不乐观,国家统计局公布的数字表明,2015年前10个月,全国的商品房销售面积近9.5亿平方米,同比增长7.2%,增速比前9个月回落0.3个百分点。与此同时,开发商土地购置面积为1.78亿平方米,同比下降33.8%,土地成交价款5 794亿元,下降25.2%,而库存即待售面积为6.86亿平方米,较9月末增加2 122万平方米。与2014年同期相比,全国的库存增加了1亿平方米,增幅为17.8%;和前年相比,增幅则达40%以上。这个趋势只在2015年5月出现过短暂的变化,库存当时稍有下降,现在则再入上升通道,连习近平主席在中央财经领导小组会议上的讲话都在强调"化解房地产库存,促进房地产持续发展",可见这还是相对严峻的现实。大家明白为什么在战略上要打持久战的意思了吧,这不光是对宏观经济的一种判断,恐怕也是对地产行业的一种预期。

一边要打持久战,一边又在出地王,怎么理解?其实,这跟现在的股市是一个道理,一边业绩在下滑,一边股价却暴涨,背后就是流动性过剩。10月的数字表明,M2的增速是13.5%,但是银行的贷款才增加5 000多亿元,只有9月的一半。社会融资规模增量为4 767亿元,比上月少了8 523亿元。这说明现在市场上不缺钱,但是钱找不到出处。也就是说,没事干或没人干事,钱又多到泛滥的地步,不进实体就进股市或者楼市,所以才会出现这种情景。经济在往下走,资产却在往上走,整个一个大"劈叉"。

2015年11月16日

地产调控
这次牵住了牛鼻子

居者有其屋，一直是中国人的美好愿望。过去是，现在是，将来也是。

之所以说这是一个美好的愿望，是因为理想和现实总是有那么点差距。有时候，那么点差距就会成为鸿沟，而且是看不见的鸿沟，怎么迈都迈不过去。

房地产业经历了数十年的发展，终于走到了去库存的阶段。去库存意味着什么？意味着供求关系发生逆转。过去供不应求，现在供过于求，所以才有了库存。作为中国经济的支柱和拉动产业，房地产投资陷入低迷，GDP就会下滑。房地产投资要触底回升，库存就必须有一个出清的过程。

正视农民工的存在

出给谁？

这不是一个简单的问题。

在中国现有的城市居民中，有资格买房的，买不起房；买得起房的，没资格。去库存如果盯着这两类人转是没有出路的，即便硬闯也解决不了问题。

但是如果我们跳出这个层面就会发现，在我们的城市中还生活着大量既没有资格也没有能力买房的族群，他们有一个专门属于他们的称谓——农民工。

农民工可能是最具中国特色的群体。

他们来自农村，但现在是工人；他们生活在城市，但身份是农民。中国的户籍就这样把同样的人按照出生时落地的地理位置划分成了不同的人口，城里人或乡下人，官方的称谓是非农人口和农业人口。农民工既不是农民也不是工人，他们是一群顶着农民身份在城市工作的人，他们来自农村却再也不可能回去种地；他们生活在城市，却没有任何的社会保障；他们或许可以认命，但是他们的下一代怎么办？他们的下一代出生在城市，生活在城市，成长在城市，以后还有可能只会生活工作在城市该怎么办？有没有人想过这些问题？当我们为农民工子弟学校的前途担忧时，有没有想到失学的他们会成为社会的建设力量还是破坏力量？他们所受的歧视仅仅因为他们是"农二代"？其实，往上数三代，谁的父母又不是来自乡下农村？

市民化需要大量支持

城市有2亿农民工。

解决他们在城市的公平居住权是我们社会进步的标志，是经济发展的诉求，是人民幸福的基础，现在我们终于欣喜地看到中央把去库存的切入点聚焦到了农民工身上。这看似是一个经济拉动的方案，实际却是一个社会发展的筹划，是一种政治智慧的体现。客观地讲，这是中国宏观调控以来，尤其是房地产领域最漂亮的胜负手，可谓投一子全盘活，牵一发动全身。一个字，高；两个字，很高；三个字，非常高。

忍不住要叫声好，点个赞。

"要化解房地产库存，通过加快农民工市民化，推进以满足新市民为出发点的住房制度改革，扩大有效需求，稳定房地产市场。

"要推进农民工市民化，加快提高户籍人口城镇化率。"

以上这些都是中央政治局工作会议报道中的原话，为了避免歧义，特摘录在此。

2亿农民工在城市落户需要多少住房？

现在，在三四线城市供过于求的格局是结构性的，解决农民工的刚需失衡或许可迎刃而解。这需要政策配套、财政支持、地方出力、企业让利，否则，就是水中月、镜中花。

大家担心中国今后最大的问题是会不会出现"拉美现象"，大量农村失地农民涌入城市成为贫民，社会分化、贫富对立、人群撕裂，如今，农民工的安居乐业成为政治局会议的话题让我们看到了希望和愿景。水皮不久前在深圳主持平安银行举办的房地产金融论坛时就已经呼吁我们应聚焦农民工的出路，这不仅是中国房地产的出路，也是中国农民的出路、中国社会长治久安的出路、中国经济持续增长的出路、国富民强的出路。

牵牛要牵牛鼻子。

这一次，牵的就是牛鼻子。

2015 年 12 月 17 日

"三阳改三观"
潮落总有潮起时

是资产就有价格,而价格这个东西往往又围绕着价值波动,老实的时候很少,大多数时间不是上蹿就是下跳,不腾挪出点儿空间,不闹腾点儿动静就没完。市场由此产生波动,波动产生峰谷浪尖,一个泡沫产生,一个泡沫破灭,泡沫破灭之时就是新泡沫产生之时,周而复始。

泡沫其实没有那么可怕。

那么,可怕的又是什么呢?

可怕的是在泡沫面前不知死活、不知进退、不知取舍、不识时务。

去库存压力令人头痛

话是这么讲,但是现实令人很困惑。

从A股公布的上市公司年报数据看，近4成的公司利润买不起北上广深的一套豪宅，当然是真豪宅，那种估值5 000万元以上的豪宅，如此看好像房价的泡沫更大。但是仔细分析，大股东哪怕只减持1%的股份就够买几套豪宅的，股价的水分好像比房价更大。当然关键是能够兑现，至少，现在的点位要变现难度还是相当大的，纸上财富会不会如过眼云烟随风飘散呢？

不可否定，房价、股价和汇价是我们经济生活中谁也无法逃避的话题，这三个价格都直接关系到我们钱袋子的含金量。现实中却又每每阴差阳错。

去库存针对的无疑是房地产。全国的房子的库存有多少，谁也说不清楚。有人说50亿平方米，有人说39亿平方米，还有人说80亿平方米，无论多少，估计都是一个大数据。为去库存配套而出的政策力度也足够大。首先，央行降低了首付比例，从30%降到20%，这是典型的加杠杆，由3倍放大到5倍；其次，财政部出台文件减免税收，为购房者降低成本。存款准备金率的下调虽然不是直接针对房地产的政策，但是因为货币宽松最主要的受益者就是地产，因此，地产股连续出现拉升。这些政策因素落实到市场层面就出现了一线甚至一些二线城市成交井喷、集中过户的情景，这种热闹的情景经过媒体报道又形成了抢房的心理恐慌，导致出现上千万元的准豪宅"日光盘"的结果。这种情景发生在2015年深圳房价涨幅48%、上海房价涨幅24%、北京房价涨幅13%的基础上，的确令人匪夷所思，极像股市5 178点时的状态，争先恐后的入市者往往就是一直在观望的持币待购者。会不会是最后的疯狂？

投资要有长远眼光

与此同时,三四线城市的房价却波澜不惊,成交量虽有所放大,但是和一线城市70%~90%的增幅相比还是有限增长。该刺激的没有刺激起来,不该刺激的却乘机"犯上作乱",逼迫北上广深出现限制炒房的新举措。这期间,沈阳市政府的"大学生零首付"政策引起的波澜也不算小,幸亏沈阳连夜收回了类似的通告,否则真有可能酿成中国式次贷概念。我们知道,金融危机始自美国,祸首就是次贷,而次贷的对象不是别的就是房地产。正是银行把钱贷给付不起首付的购房者,再把这种次级贷打包证券化上市转让才酿成了房地产的巨大泡沫并形成债券掉期违约,教训就在眼前,沈阳能够出此下策只能说明地方政府的压力到了一定程度!

零首付不可行,是因为这是一个朝三暮四的方案。首付没有,按揭就会加大,羊毛出在羊身上。一个大学生毕业的工资才有多少,每月付多少按揭合适,略算一下就知道是否可行。美国式的次贷有一个前提,就是假设房价一直在涨。而中国现在的情景,这种假设不成立,这是典型的病急乱投医。

产业结构调整是一个相当长也十分艰巨的过程。中国经济的问题不是周期性靠扛能解决的;而是结构性的。"做了两桌人的饭,只来了一桌客人,剩下的那桌饭怎么办?"硬塞会撑破肚皮,又该怎么办?

风物长宜放眼量,或许今天的后撤就是明天前进的空间。楼市是这样,股市也是这样。全国两会期间,维稳行情,一方面跌多了自然有反弹的需求,另一方面前期被套主力借机生产自救。蓝筹银行股"一石二鸟",既拉住指数又维护了市值,何乐而不为?"三阳改三观"再正常不过,平常心待之足矣。

两会期间,个股冰火两重天,谁有资格涨,谁又会跌?开个玩笑,全看董事长的气质。有机会参加两会的公司的股票涨,没资格参加两会的公司的股票,一个字,跌。

2016 年 3 月 7 日

除了你我为"地王"买单，还有谁？！

"地王"指的是以最高价成交的土地拍卖。"地王"的出现一方面是政府土地转让过程中"招拍挂"的产物，另一方面是房地产市场阶段性泡沫的体现。

房价下跌最急的是地方政府

非常有意思的是，大概在10年前，有关部门和开发商曾经就地价和房价谁推高谁展开过唇枪舌剑的讨论，有关部门认为房价推高了地价，而开发商则认为是地价推高了房价，这听起来有点像鸡生蛋还是蛋生鸡的逻辑怪圈，但是实际上大家都知道，决定房价的不是什么建筑安装的成本，而是建筑物下面那块土地的价格。

正因如此，北京的房价和河北燕郊的当然就不一样，否则又何必分一线城市和二、三、四线城市呢？有关部门明摆着揣着明白装糊涂，自欺欺人。道理很简单，屁股决定脑袋，土地是谁拍卖的，是地方政府；土地出让金进了谁的腰包，是地方政府；经营城市的主体是谁，是地方政府。房价的一大半跟土地相关，所以，房地产作为支柱产业与其说开发商是最大的受益者不如说是地方政府。中国的城市建设日新月异让人惊叹和土地出让费集中在地方政府手中有很大的关系。但是路径依赖一旦形成，调整就是困难的，房地产调控十年成"空调"也就非常正常。地方政府并没有打压房价的动力，房价下调导致土地拍卖流拍，收不到土地出让金，维系庞大的行政开支就成问题。钱不是万能的，没有钱却是寸步难行。所以，房价下跌，最急的不是开发商而是地方政府。

极具讽刺意味的是，中央政府去库存音犹在耳，"地王"频出已经成为一种现象。不但苏州、南京出"地王"，地价超过上海郊区，就是上海本地也因此奋起直追大有雪耻之意。北京虽然还没有新"地王"出现，但是老"地王"也不失时机地凑热闹。融创的孙宏斌号称当年的"地王"，东三环农展馆地块推出的北京壹号院每平方米30万元，是30万元，不是13万元。这块"地王"的楼面价当时是7万元左右，30万元足以秒杀所有豪宅。想当初钓鱼台七号院不过15万元一平方米，霄云路8号想卖10万元以上的价格却一直拿不到预售证，直到今天依然半烂尾状态。孙宏斌扮演的出头鸟能有什么下场令人怀疑，这基本上就是给同样处于首都的中央政府上眼药。权威人士在《人民日报》说过：房地产要功能归位，房子是给人住的，不是用来炒的。树不能长到天上去，一平方米30万元的豪宅是要把树长到哪里去呢？我们且不问哪个"土豪"会真正购买，单说北京市政府会同意吗？

央企退出"地王"舞台

同样是"地王"频出,不同时代主角不同。

上轮4万亿刺激政策出台,濒临死亡的开发商满盘皆活,也包括已陷绝境的顺驰(融创的前身)。此前,顺驰因在"招拍挂"中频出高价而获得地方政府青睐从而迅速壮大。但是市场一旦进入调整,资金链立即收紧。2010年初北京一天之内出了三个"地王",且全都是央企。有老牌的远洋地产,也有当初名不见经传的中化方兴,引起温总理震怒。国资委因此禁止央企当"地王",而且推进央企地产重组,除十大央企主营地产外,其他央企均须退出地产,整治力度不可谓不大。央企为何热衷于当"地王",一是有钱;二是对于企业而言,有地才有活,有活才有钱,有钱可以分奖金,亏损不须掏腰包。所以,"地王"清一色是央企。但是,这一轮貌似不同,不少"地王"其实是相对二三线的民营企业,这些公司的实力和当年的央企不可同日而语,一旦资金信贷收紧,地产恢复调控,他们能否顶得下来是个大问题。现在确切的消息表明,不但一线城市政策收紧,即便苏州也叫停了土地拍卖,谁在山岗站岗不久就会真相大白。

羊毛不会出在猪身上,"地王"的买单者说到底不是开发商而是老百姓,释放的市场信号也是扭曲的。国际上有个摩天大楼指数,发明者叫劳伦斯,他发现摩天大楼创纪录的时刻往往也是经济危机开始之时。"地王"现象有异曲同工之妙,不可不察。

2016年5月23日

房地产
已经成为迷心窍的"鬼"

中国经济、中国股市、中国房地产这三者的联系越来越密切。如果用一句话来形容，那就是：投资者炒房，开发商炒股。

咸吃萝卜淡操心，指的就是水皮这样的人，一天到晚尽玩"地命海心"。但是，现在的问题是，现实生活中，各种角色总是错位，政府在扮演开发商的角色，开发商在扮演投资者的角色，而投资者却在扮演管理层的角色。

银行也分一杯羹

"地王"已经成为2016年土地拍卖的常态，逢拍必争。乐观其成的是谁呢？谁受益就是谁呗，一块地原来的估值也就40亿元左右，被拍到100亿元，没有见到哪个地方政府大发慈悲，把多出来的60亿元平均分配给本地居民。要用钱的地方那么多，如果没有中央统一政策在挤泡沫，地方政府胆子只会更大。"地王"哪里是开发商搞出来的，在"地王"的游戏中，开发商也是牵线木偶而已，而被"地王"游戏牵着鼻子走的不仅是开发商，还有开发商背后的银行。以上海"地王"合作者（注意，水皮不认为其本身就是创造者）为例，融信本身的销售一年不过300亿元左右，而2017年它仅在上海一地拍下的土地就超过了300亿元，哪来的资金？银行！拍卖当天，水皮就在上海，当天的晚宴上，某某银行的个金总裁兼上海分行行长坐立不安，心事重重，他担心的不是融信成为"地王"之后跟他借贷，而是担心原来和融信说好的借贷可能会泡汤。因为融信拍完后就有大公司（大名鼎鼎的上市公司）同其达成了合作开发意向，而此局中的大公司并非寻常人物，借贷渠道比银行路数更宽，行长担心的是分不上"地王"的羹，至于风险则根本不在他的考虑之列。想想也是，如果"地王"有风险，别的项目风险可能更大。上半年银行的报表显示，50%以上的新增贷款投向了房地产；7月数据显示，全部信贷增量为4 600多亿元，4 500多亿元是房地产贡献的，其他实体经济的增量是负数；而上个月，房地产信贷规模达5 200亿元左右，房地产投资的增速从2016年底的-1.5%冲到2017年5月的7.5%，现在又回落到5.5%。在资金荒的背景下，房地产贷款成了银行的救命稻草。从贷款余额看，2016年6月是72.97万亿元，同比增长9.7%，其中房地产是23.94万亿元，同比增长24%，占全部贷款的38.9%。房地产岂止是救了中国的银行，根本就是在支援中国的经济。

地产绑架了经济

十多年前，我的朋友易宪容写了一篇文章，称房地产绑架了中国经济，这一言论在当时可谓惊世骇俗。只是话说得太早，真理也变成谬误，上上下下皆不以为然，易宪容本人有苦难言。现在的情景让人感慨万千，讨论这样的话题已经没有意义，有意义的是我们能不能从这种怪圈中摆脱出来，否则真有可能重蹈日本当年的覆辙：地产崩盘，财富蒸发，货币贬值，民怨沸腾。

其实，"去杠杆，去产能，去库存"是非常讲究的技术活儿，搞不好南辕北辙。三四线城市要去库存，二线城市放开限购限贷可能就是一步错棋，这等于把2010年至今压抑了整整6年的投资投机的需求集中释放。这些二线城市的房价瞬间暴涨，南京、苏州、合肥、厦门首当其冲，厦门的房价甚至超过广州，不得已又恢复当初的限制政策；而一线城市，北上广深包括三亚，限购限贷没有放开，市场就相对平稳。即便如此，上海"地王"频出也是一种刺激，再加上对于新政的预期，上海人出现离婚潮，二手房交易连续5天接近2 000套，政府辟谣也无济于事，而上一波离婚潮也是因为史上最严地产新政引发的，距今不过4年时间。

婚姻当然不是儿戏，但在政策面前就成了戏码。"生命诚可贵，爱情价更高，若为房产故，两者皆可抛"。可悲？可怜？可恨？地产迷乱了人们的心智，成为传说中迷惑心窍的那个"鬼"。鬼迷心窍，谁来驱魔？

一个似是而非的共识正在形成，那就是北上广深的房价不会跌，只会涨，无非涨得快点慢点，这是二线城市房价暴涨的依据，恐怕也是其未来房价崩盘的迷魂药。

2016年9月5日

"去杠杆"
才是真正的"命门"

假如没有按揭,中国的房价又会怎样?

估计只有现在的三成到一半。

是不是皆大欢喜?

不会。为什么?

因为如果没有按揭,也就没有那么多人提前改善居住条件,凡事都有利弊,关键是平衡和控制度的问题。

中国经济有一个不健康的现象,那就是过度金融化。一个企业,但凡大一点都恨不得搞点金融投资,否则好像就不是一个资本家。如果能搞成金控集团,那么社会地位又提高一层;实在不行,搞互联网金融也凑合。这么一凑合,全国P2P的平台就冒出来不下 5 000 家。个人要么配资炒股,要么寻找"首付贷"炒房,反正都是加杠杆,不加白不加,加了不白加，白加谁不加？！

"脱实向虚"就是这样形成的。

房子不是用来炒的

以加杠杆的方式去库存并非投资者的发明创造，而是央行的引导。2015年3月30日首先降的是二套房的首付，2015年9月30日降的是一套房的首付，2016年2月2日则是二套房和一套房的首付双降，结果是没有想到的，该去的三四线城市的库存没有去掉，不该放开管制的一二线城市的限购限贷却推动房价进入新一轮的暴涨。其中，房贷的激增起到了推波助澜的作用。至少在2016年7月，全部新增贷款数量110%是房贷，到12月，这个比例下降到75%，但绝对数也远超7月的数额，历史罕见。

"房子是用来住的，不是用来炒的。"权威人士这句话最早见于2016年5月9日《人民日报》访谈。但是直到年底中央经济工作会议时才成为大家的共识，这句话其实说出了房子的两个特性，一是商品的特性，二是金融的特性。住是商品特性，炒是金融特性。当然，用属性比特性更确切，杠杆强化了金融属性，这是不争的事实。

没有买卖就没有伤害，没有杠杆就没有炒作。

这一点，央行清楚，政府清楚，老百姓也清楚。

所以，新一轮调控对象与其说是针对购房者，不如说是针对金融机构的放款者，严控房贷比是基本要求。银行压缩房贷指标，实际上就是压缩全社会房地产的杠杆率。没有杠杆，房子又怎么炒得动？

抓住核心才能解决问题

"3·17"北京新政的重点就是认房又认贷。认房大家知道，认贷大家不知道。其实就是不管你现在有没有房，只要历史上贷过款，那么再贷都算二套，此其一；贷款年限不得超过25年，此其二；二套首付六成到八成，此其三。

"3·23"央行公布对北京地区银行按揭的指导意见，一是继续从严控制按揭增量；二是对离婚一年的贷款人实行差别化政策，按二套房政策执行；三是严格审查住房贷款记录；四是严格审核首付资金来源，严禁各类"加杠杆"金融产品用于首付款；五是严查贷款人偿付能力，对已成年未就业、没有固定收入者视同二套房贷；六是合理评估房屋价值，增强住房信贷风险的识别和防范能力；七是加强对支行网点的管理；八是规范对中介的退出机制。

央行的措施可谓"刀刀见血"，直击要害，几乎封堵了房贷流程中的漏洞。但关键要看执行，认真还是应付，区别很大。认真的话，无话可讲；应付的话，不如不说。

十年前，水皮就反复呼吁应该立法禁止炒房，房价是管不住的，也不必管，更会管不好，但是可以立法规定户均持有的住房数量，无论一套或二套都要有一个说法。有钱没钱一视同仁，满足居住需求，控制投资需求，杜绝炒作需求，别把简单问题复杂化，抓住房子是用来住的这个基本，再复杂的问题也可以简单化，怕的是叶公好龙，说一套做一套，首鼠两端，北京人叫鸡贼！

去杠杆，去产能，去库存，三者排列，孰轻孰重，不言而喻。

2017 年 3 月 27 日

房地产税
真的会导致房价暴跌吗?

对房地产税,楼继伟部长的态度非常坚决,他说:"这是最难的一部分。只要是真正的财富再分配,就会受到真正的阻碍,这是下一步的任务,我们要义无反顾去做。"媒体的关注点也在这个"义无反顾"上。开弓没有回头箭,房地产税的改革与所得税的改革势在必行!

第一个问题:房地产税该不该征?

不该征!因为中国的土地是国有的,国家的土地我们交的是70年的使用费。这个征税征的是什么呢?征的是物业增值的一个费用,哪有国家自己征自己税的道理?

第二个问题:房地产税会不会征?

势在必行!从数据看,2011年全国的财政收入一共是103 740亿元,其中:中央本级是51 306亿元,地方本级是52 434亿元,地方一半中央一半。土地出让金是 31 500 亿元左右，也就是说占到地方税收总额的 60% 左右，这就是我们一般意义上理解的土地财政。随着房地产黄金周期过去，地方政府希望出让土地出让金来获取预算外收入越来越困难，而房地产税的征收就可能解决这个问题。

第三个问题：开征房地产税有没有可能把房价打下来？

不会！日本也好，美国也好，都收房地产税，房价因此下跌了吗？没有。房价的涨跌是受供求关系影响的。这就是我们面临的现实，无奈却没有办法。

试点效果甚微

个人房产征收房产税试点已在进行。但是话讲到这里我们要把一个概念跟大家捋捋清楚。"房产税"跟"房地产税"一字之差，但是区别还是挺大的。实际上房产税一直有，1986 年 9 月 15 日，国务院正式发布《中华人民共和国房产税暂行条例》，明确说明房产税只对城镇经营性物业课税，个人所有的非营业性的用房不在征税范围。但是，针对部分个人住房征收房产税的改革已经在上海和重庆试点。

上海和重庆的试点方案不太一样。上海的征收对象为本市居民新购房且属于第二套及以上住房和非本市居民新购房，房产税暂按应税住房市场交易价格的 70% 计算缴纳，税率暂定 0.4%～0.6%；重庆的征收对象是主城九区独栋商品住宅以及个人新购的高档住房，这个高档怎么认定呢？就是成交价两倍于平均价格，以及在重庆市同时无户籍、无企业、无工作的个人新购第二套（含第二套）以上的普通住房，税率为 0.5%～1.2%。

上海和重庆的试点是在房地产价格上升最猛的 2010 年左右推出的，从现在征收的角度来看征收的数额并不是特别大，对房价的影响甚微。

深思熟虑后方可执行

从现在的效果来看有几点要注意：

争议一，税怎么征。新人新办法，老人老办法。上海也好重庆也好，针对的都是新购商品房。

争议二，免征的面积问题。现在不同的意见在于免征面积究竟应该多大，是以一套计算还是以面积计算，是以家庭计算还是以人均计算。既然是调节收入的一种手段会不会有一个累进税制，起征的税率可否相对低一点，拥有的住房越多收税越高？

争议三，是否涉及重复征税问题。我们解读楼继伟部长的意见时发现，他是把一些税合并计算的，土地出让金以后怎么计算，是不是不收，而改成征收房地产税？

房地产税是个大的税种，事关国计民生。根据立法的原则，没有立法就不应该收税，所以应该经过全国人民代表大会做出充分的讨论。大家还要注意，房产税是跟每个人有关的，不仅仅是针对富人的，千万别以为这是杀富济贫的一个税种。

总之一句话，在这些问题解决之前宁可等一等也千万别一脚踹！

2016 年 7 月 29 日

"公""共"思路
决定出路

"空调"是房地产调控的代名词。

房价越调越高。直到本轮调控,这种惯性思维依然存在,2017年一季度北京的房价还出现了可观的跳涨。

涨了多少,不说也罢。

标本兼治方法难寻

2016年10月的黄金周是分水岭,之前的限购限贷在全国除了五个城市外基本上都取消了,涉及的城市有40多个,不但取消了限购限贷,还降低了一套二套首付比例,等于加了杠杆。之后,限购限贷又在一夜间在不少地方重新实施,至少有20多个城市做出了相应的布置,一套二套的首付也都恢复到了此前的比例,离婚没有购房的资格。但是,房价照样涨,这就是习惯成自然。

这辈子谁没骗过你？正确答案是房地产中介。因为他们总是让你买房买房买房，否则就要涨价涨价涨价，果然如此。

不调控不得了，但是调控不见效更要人老命；短期有回落固然好，但是事后报复性反弹如何是好？长效机制是什么，谁都说不清楚。

恐怕谁也不知道究竟什么样的调控才能标本兼治，长短兼顾，才能把"房子是用来住的，不是用来炒的"落到实处。

恐怕未必就是房产税。

因为房产税是物业税，中国的土地国有，我们只有70年的使用权，税费不可能重复。何况，房产税必然是全民税，和所有人利益相关，谁征谁免谁说了算？即便立法征税，按律法不追溯既往，而存量和增量新老划断，对房价走势影响有限。换句话讲，如果目标要调控的是房价，那么征税就不是正确措施，否则，美国也就不会有次贷危机发生。

租售同权成为新明灯

租售同权恐怕是一把开门的钥匙。

1998年之前，中国基本上没有商品房。我们住的都是公租房，要么是单位分配的，要么是房管所收租的。私人产权房只听说过从来没有见过。但是，这并不影响我们结婚、生子、落户、上学、看病、社保。不知道从什么时候开始，这一切都跟产权联系在一起，"学区房"也就应运而生，居者和有其屋不知不觉中就画了等号，使用权和所有权也画了等号，居住权这个公民社会的公权力和业主这个私有产权的私权也画上了等号。简单的问题开始复杂，从中央到地方，政府的应对措施可谓挖空心思，但是由于认识上的偏差，实际上各种措施一直在所有权的怪圈里打转转。即便各地推出经济适用房、廉租房或两限房、自住商品房，其实质也都在所有权上为购房者留出空间或者说尾巴，都潜意识把所有权让渡到潜在的购房者，这无异于"投资"的寻租空间。只要政策补贴的房源最终可以在市场自由流通，那么政府建名目再多的房都供不应求，有利可图一定会给予这种政策毁灭性的打击，事实上也是如此。

只求拥有，不求所有，前提是"租售同权"能够落实到位。广东开了一个好头，估计北上都会跟进。住建部的立法表态相信在全国推进的可能性就更大，有法律作保障，公租房或共有产权的住房才会有现实意义。

政府负起该负的责任

如果说雄安新区禁止房地产开发让大家一头雾水还可以理解，那么万科竞拍自持出租地产就不言而喻，而上海土地竞拍指向特定开发商则楼面价不足 6 000 元就是一种呼之欲出。以公房解决住，让私房解决"炒"，体现的正是"恺撒的归恺撒，人民的归人民"的思路。当然，这种"公"，可以是市场主体的机构，也可以是社会管理的政府，最新的进展即是北京市宣布原来的所谓自住商品房进化为共有产权房，新老北京人都可以申请，房权产权归政府和购买者按份共有，出租权益可以分享，但是出售只能返销给政府,而政府也可以再次出售给符合条件的居民。说白了其实就是政府让渡使用权给大家,减轻了大家购房的压力,这对于北上广深的广大"夹心层"居民是重大利好。一套房买不起,三分之一可以吧,四分之一可以吧,这种做法降低了居住成本,是减负,解决的是使用权,搁置的是所有权。

羊毛出在羊身上,中国过去的房地产调控大多着眼加大开发商或投资者的支出以期改善供求关系,但是这些支出其实最终都会转嫁到购房者身上,因为住是刚需!本届政府的思路着眼于现实,分解的是购房者的财务成本,进而推行租售并举,承担起主体责任,这才是问题的关键。政府真正想解决的问题没有解决不了的,政府真正要解决问题就必须把自己放在问题中间。换句话讲,负起该负的责任,而不是把责任推给银行、开发商、投资者。

思路决定出路。

房地产的天真的要变了。

2017 年 8 月 4 日

第四章
不畏浮云遮望眼

在市场里，在股市中，公司向来吸引着很多关注的目光。虽然股民知道公司势力此消彼长，有它自己的周期，但他们都希望押中最有潜力、最长青的公司。这样的公司要如何挑选？怎么才能押中宝？擦亮眼睛，目光放长远，不要做被忽悠的背锅散户。

影帝冯小刚对赌华谊
到底是个什么局

冯小刚的电影《天下无贼》里有一句台词:"21世纪什么最贵?人才最贵。"冯小刚用他和华谊兄弟的对赌很好地践行了当初的判断。

冯导一直很火,因主演电影《老炮儿》获得了金马影帝,在工体举办了万人演唱会,艺术上的成就很多,但最让人惊艳的是:冯导一个负债的壳公司被华谊兄弟以10亿元现金收购了。

冯小刚真是个人物!旗下一家公司东阳美拉,总资产1.36万元,净资产为负数,估值却达到惊人的15亿元,就这家冯导拥有99%股权的公司,华谊兄弟却以人民币10.5亿元收购了其70%的股份。

真是羡慕、嫉妒、恨啊!

对赌的本质还是赌

"IP"投资,是最近资本市场的热门话题。在这一背景下,华谊兄弟不光在和冯小刚对赌,还在和其他影星同时对赌,他们的对赌动辄10亿元以上,所以想不吸引大家的眼球都很困难。

可是,这钱挣得也太容易了,是不是利益输送啊?现在双方合作的具体条款没有公布,不能乱下结论。但我们看看这次收购中包含的对赌内容,自股权转让完成之后,冯小刚需要承诺东阳美拉2016年度的业绩净利润不低于人民币1亿元,而且自2017年起至2020年12月31日止,每年的业绩净利润在目标基础上增长15%。若未能完成该目标,冯小刚将以现金补足差额。

对赌,本质是赌,所以一般情况下设局人的赢面大,输面比较大的是参赌的人。过去,国际投行特别喜欢和中国的上市公司对赌,结果往往是国内的上市公司吃哑巴亏,最著名的赌局莫过于蒙牛,结果就是牛根生输掉了整个蒙牛。

当然,谁输谁赢,主要还是看条款。跨国投行的条款往往都比较苛刻,最主要的是他们往往是拿公司的股权做赌注,而并不给对方所谓补齐利润的机会。

补齐利润的做法存疑

华谊兄弟之类的国内公司和艺人的对赌,并没有超出国内一般公司操作的概念,但是对赌的内容还是存疑的。所谓参赌方用自己的资金补齐承诺的公司利润,表面上看是实现了诺言,实际上这种补齐利润的做法和公司原有盈利能力根本不是一个概念,换句话讲，这在一定程度上就是做假行为。

因为投资方收购的是这家公司的盈利能力，并不是现金，而参赌一方补齐的现金不是他盈利能力的体现，也就是说标的物发生了改变。这种情况下，完全失去了对赌的合理性。如不能完成目标，合理的结果是收回股权或收购的资金，这才是正常思维，而不是让参赌一方比如冯小刚补齐所谓的利润。

仅仅是补齐利润，很容易陷入为收购而收购的陷阱。说得更难听点，就有上市公司通过收购进行利益输送，甚至掏空上市公司的嫌疑。

有人给冯小刚算了一笔账，即便这家公司没有盈利，根据现在已经披露的几个数据，10亿元减去5年利润的承诺，冯小刚白拿了3.5亿元。这种算法肯定不科学，但是一定程度上反映了公众的担心。

冯小刚不至于这么做，华谊兄弟也不至于这么做，但是其他公司和人就难说了。华谊敢这么大手笔收购，大概是看中了冯导的才华，觉得冯导肯定能实现这些目标，这对冯导不是难事，换了别人，协议的合理性或许就会不存在。

所以，对赌协议一定要谨慎地使用，而且要严格地管理，否则它会成为祸害投资人的工具。

2015年12月3日

苹果业绩拐点突现，
"大停滞"时代杞人忧天？

有些事情迟早要发生。

有生就有死。

苹果帝国什么时候会成为第二个诺基亚？这个谜让人猜了很久。从乔布斯离开我们这个世界，这个疑问就一直存在。苹果当然是乔布斯的苹果，而乔布斯却已经不再是苹果的乔布斯。乔布斯走得那样匆忙，离开我们时才56岁，天妒英才。屈指数来，乔布斯走了已经有5年的时间，苹果作为一个富可敌国的帝国已经相当的不容易。

所以，当有的事情发生的时候就淡然地接受吧，毕竟，传奇不可能永远，奇迹只是片段。

辉煌是余波未尽

美国苹果公司于北京时间2016年4月22日凌晨发布业绩，

2016年度第二财季（截至3月26日），每股收益为1.9美元，低于分析师2美元的预期，利润更是同比下滑达23%。不仅如此，营业收入也低于预期，同比下滑13%，为506亿美元。这是2003年以来苹果公司首次出现季度营业收入同比下降。受此影响，当天盘后股价暴跌8%，第二天开盘虽然有所企稳，但是跌幅亦达6.26%。和10天前相比（当时股价为112美元），现在仅为97.82美元，市值蒸发近500亿美元，相当于蒸发了一个贵州茅台的市值，一个半万达商业的市值，完全值得小岳岳大喊一声，"我的天哪！"

苹果亏在哪？

一是亏在中国，二是亏在手机，或者两者根本就是一回事。根据季报，iPhone营业收入为328.57亿美元，比上年同期的402.82亿美元下滑18%；iPhone销量为5 119万部，比上年同期的6 117万部下滑16%，这也是iPhone上市以来第一次出现下降。按地区划分，苹果大中华区营业收入为124.86亿美元，比上年同期168.23亿美元下滑26%。虽然库克在电话会议上依然看好中国市场，但是市场是残酷的，苹果在中国智能手机市场的份额下降至12%，而上年同期为18%，也就是说市场份额下降三分之一。显而易见，苹果在中国的滑铁卢原因并不完全在苹果本身，在苹果抱残守缺的同时，中国的手机厂家华为异军突起，包括像OPPO和vivo之类的品牌也在不断通过精美的工艺设计占领市场，此消彼长的根本原因在水皮看来就是苹果已然失去了创新的灵魂。乔布斯走了，一个时代就结束了，苹果之后的辉煌只不过是余波未尽而已。

长江后浪推前浪,前浪拍死在沙滩上。

时代是否还能被改变

水皮更担心的是,苹果的拐点是否真的意味着"大停滞"时代的来临?

《大停滞》是美国人泰勒·考恩写的一本书,被阿里巴巴副总裁涂子沛形容为"下一个弗里德曼"的考恩认为,美国的经济,从20世纪70年代中期开始,已经进入一个停滞的时代,这种停滞并不是一场金融危机,而是一代人的偷懒和不思进取;也不是资源耗尽,而是原生创新与应用创新之间无法连接。原因有两个:一是人类的天性,喜欢采摘"低垂的果实",即贪图便利,挑容易的事先做,向上爬的苦事一定要等有压力才会使劲;二是美国进入了"科技高原",科技创新遭遇了高原"窒息"。考恩发现人类的重大发明,像电、汽车、火车、飞机、打字机、照相机、药品器材等均是1940年前发明的,这之后除计算机,人类几乎没有划时代的发明。考恩对比现代人和祖辈的生活状态,认为今天美国人的物质生活和20世纪50年代相比没有太大区别,换句话讲,科技进步停滞了。涂子沛并非完全认同考恩的结论,因为互联网在中国的实践相比其在发源地,可以说是翻天覆地的。发展互联网在美国划时代的意义不强烈,但对于中国则不然,而在水皮看来以苹果为代表的智能手机的崛起也和互联网息息相关。当然,我们更多的是应用互联网,并没有太多的发明创造,这也正是我们对苹果业绩下滑的担心,互联网应用是否也会进入一个"停滞期"?

但愿只是杞人忧天。

苹果正如我们期盼的供给侧。一个产品不但能拯救一个公司，而且能改造一个时代，更改造了太多人的命运，这样的公司太少。

大家还淡定吗？

2016年5月2日

苹果
会是下一个诺基亚吗？

如果在 10 年前有人说诺基亚可能会破产，估计没有人会相信，因为当时诺基亚几乎是全球销量最大的手机厂商。但是往往销量一旦到了顶峰，数字不再增长，那可能就是从巅峰滑落的信号。不幸的是，苹果好像也将面临此种境况。

创新失去新惊喜

毫无疑问，苹果是以创新著称的，过往它每一款新产品的出现，消费者都会充满期待，但过去就是过去，一旦创新停止，苹果的生命恐怕也就到了尽头。

中国市场是个风向标，参照出货量，智能手机 2016 年第二季度的五强中有四个是国产品牌，依次为华为、OPPO、vivo 和小米，市场份额分别为 17.2%，16.2%，13.2% 和 9.5%。而苹果第二季度在中国市场的份额仅为可怜的 7.8%，名列第五。

如今，已经发展到智能手机阶段，如果技术上没有创新，没有杀手锏的话，光拼制造业，苹果肯定拼不过中国的企业。

另外，我们心里一直纠结的是，在整个苹果产业链上中国制造业拿到的利润是最低的，大量的利润被中间商和苹果公司拿走了，我们挣的只是加工费。

既然这些技术都不具有高难度，制造也都能在中国完成，为什么我们自己的品牌不能取而代之呢？这也就是现在国产智能手机崛起的一个重要原因。

模块化手机是不是未来趋势

现在是一个万物互联的时代，接下来比较有市场前景的可能就是模块化手机，通俗来讲就是外挂。

这方面联想收购的摩托罗拉也许会给我们带来一点点惊喜。2016 年我去参加旧金山联想科技大会时发现他们马上要推出 MOTO Z 手机。加上外挂之后手机瞬间可以变成音箱，也可以变成投影仪，各种各样的配件让手机的设计变得非常的人性化。

当然 MOTO Z 的出现能不能带来手机市场的重大变革还不好说，但哪怕出现一点点的波澜，也是可喜可贺的。

说老实话，在苹果身上我隐隐约约看到了诺基亚的影子，当初我也是诺基亚的忠实粉丝，一路买着诺基亚的产品，但后来就慢慢用三星替代了诺基亚，再用苹果替代了三星。

这里我大胆预测一下，尽管 iPhone7 的销量还不错，苹果依然会延续一段辉煌,但是我相信,照其在中国市场这个不好的节奏走下去,苹果恐怕要不了几年就会和诺基亚一样。

总之,以创新为生命的苹果,创新一旦不再或让大家失望,那么其生命力恐怕真的就终止了。

2016 年 8 月 23 日

万科之争击中
管理层软肋

万科价值何在,引得无数英雄竞折腰?

是 2 000 亿元的收入,是即将进入世界 500 强,还是宇宙第一大开发商的桂冠?

是,又不是。

万科之所以成为中国房地产企业,甚至所有企业的标杆,成为大家津津乐道的话题,第一是干净,第二是干净,第三还是干净。

股权分散是双刃剑

有人问王石:郁亮经得起查吗?

水皮的回答是可以查,经得起查,值得查。

一定程度上万科的股权分散是王石的理想主义情结造成的。

作为一个社会的企业，万科在中国是特例，但在美国却是一种普遍现象，太多的世界500强根本就没有实际人，用华润和宝能的口径来讲就是内部人控制。当然，万科的内部人正是万科的创始人、缔造者、建设者、经营者，从这个角度讲，当了十多年甩手掌柜的第一大股东华润是坐享其成者，而现在的第一大股东宝能则是下山接挑者，全盘否定万科的管理团队甚至董事会无异于自己打自己的耳光，自取其辱，除非出于颠倒黑白、混淆是非的目的。商场有道义可言吗？没有，正如同没有永恒的朋友，只有永恒的利益一样，华润与宝能的关系估计他们自己也说不清楚，时而为敌，时而为友，时而尔虞我诈，时而狼狈为奸。水皮有时想，各位看官，如果你是王石，遭遇华润这样的大股东，你会作何感想？是不是会怀疑人生？情义两字，道义两字，无论哪两个字，华润都没有。宝能的姚老板更让人痛心绝望，央企的形象也被他毁得够呛。事情本来不是这样的，宝能当初夺的是华润第一大股东的位置，万科是在华润弃守的背景下引入的深圳地铁自卫反击，而华润居然背后捅刀，这是什么样的战友啊！都像华润这样，以后谁还相信混合制经济？万科都这般遭遇，谁还能和央企合作混合制？

规则不是纸上谈兵

万科为什么干净？

一是万科人尤其是王石的财富观；二是相对分散股权形成的约束；三是公开透明的公司治理。万科的发展一定程度上和中国职业经理人的成长同步甚至同名，而这正是现代公司治理的方向。不少人大谈规则，既然万科的股份可以卖，当然就可以买了，但是，他们忽略了一个前提，买的目的是什么？是毁灭其价值还是彰显其价值，是为了短期的拉高出货还是长治久安，是为了创造财富还是资本运作？即便讲规则，也可以追根溯源，宝能的万能险属于什么性质的资金？购买万科的股票有没有投票权？万能险名下的投资属于财务性、战略性还是长期股权投资？宝能动用的资金最大杠杆26倍系浙商银行的理财产品，这种银行的资金进入实业控股是否违反商业银行法？宝能的做法如果合理合法，那么，理论上银行、保险、基金，甚至券商可以买下任何上市公司。如果这种情况真的出现，那就不是刘姝威教授讲的股灾2.0，而是现代社会的灾难！用中石化原董事长傅成玉的话讲就是，问题已上升到社会利益和一个健康资本市场的发展建设问题，这是不可承受的后果。

规则？

在规则不清时谈规则，必然似是而非，得出玉石俱焚也合理，王石出局更是"活该"的结论。

政府监管要到位

谁来做裁判？

中国现在的金融管理属于分业管理，但是经营主体又是混业经营。宝能的姚老板。出身于地产，崛起于保险，借力于银行，并购的是上市公司，万科之争，保监会、银监会、证监会，三会谁说了算？万能险归保监会管，银行理财归银监会管，投票权归证监会管，三权分立之下说规则岂不漏洞百出？！看来，三会的合并真是大势所趋。

有没有明白人？

有，重庆市长黄奇帆算一个。黄奇帆在重庆一个论坛上"管闲事"，隔空喊话，他不是给王石出主意，而是在给他的同僚上课。在黄奇帆看来，万科之争并不复杂，政府可以从三个方面解决这一问题。第一，查资金是否规范，保险公司如果拿的是自己的资金200亿元～300亿元倒没什么，但是如果拿的是老百姓的基金，就要注意了，老百姓跟你签1～2年的期约，但是做人家大股东是要8年或10年的，你是法人股东，不是战略投资者，除非你让出了100亿元～200亿元万能险的老百姓跟你签约委托你作长期股权投资，这个事情绝对难。第二，查管理团队跟董事会之间的约定、信托、责任是否不合理。第三，股东之间可以酝酿，任何股东之间的协议都要公告，不能密谋。最关键的是，政府在管理上对专业管理要到位，同时要有穿透性、叠加性，综合性的监管也要到位。是不是有点一针见血的感觉？

王石用了30年打造一个万科，但毁掉万科3个月都不用，离开了万科现在的团队，万科的价值和宝能就是一样的，姚老板何必舍近求远？华润又何苦再复制一个华润置地，难道就为了整王石出口恶气？

2016年7月4日

360"旅美"回归，
周鸿祎王者归来？

好事多磨。周鸿祎的奇虎 360 终于完成了私有化的交易流程。美国东部时间 2016 年 7 月 15 日下午 4 点，360 从纽交所退市了。

360 私有化对价是 93 亿美元，折合人民币 720 多亿市值。我觉得回归之后市值翻倍达到 1 500 亿元左右的可能性非常大。在私有化完成后，360 董事长周鸿祎持股将从 17.3% 提升到 22.3%，私有化过程中董事会还奖励了他不少股权激励。因此，周鸿祎个人身家一上一下也能达到 40 亿美元左右。

无利不起早，对于 360 而言，它这么折腾为的就是回 A 股，估值能够翻倍，当然，周鸿祎也为个人身价有个比较大的提升。

360 现在私有化的价格是 77 美元，相比 2011 年 3 月，奇虎 360 以 14.5 美元的发行价登陆纽交所，77 美元的私有化价格是上市时 14.5 美元的 5 倍多。换句话说，投资 360 的中外投资者皆大欢喜。

A 股或将再添巨鳄

周鸿祎的性格比较好斗。在目前 A 股对科技公司估值普遍较高,而美股市场对科技股的认可大打折扣的情况下,360 拼命也要回 A 股。而 360 退市以后怎么回归 A 股,这是下一步我们关注的重点。

专门解决互联网公司、高科技公司上市问题的战略新兴板现在搁置了,而 360 上新三板的可能性很小,在主板排队又会排到 700 家公司之后,至少需要 2 年的时间。所以留给 360 的回归路径其实非常少,甚至只有一条,那就是借壳。

在这之前其他的中概股回归也都是借壳。比如,史玉柱的巨人网络借的是世纪游轮的壳,江南春的分众传媒借的是七喜控股的壳。这两家公司进程比较早所以相对顺利。但是随着后来借壳成风,中概股私有化成风的问题引起了管理层的高度重视,360 能不能通过借壳的考核也是一大悬念。

按照 360 目前的安全产品及分类安全产品,360 极有可能会在 A 股上市时选择进行分拆上市。不管是否分拆,360 的回归都会形成"互联网第一股"的概念,以它的估值和体量一定会在 A 股市场上形成滔天巨浪。在此之前"互联网第一股"被暴风科技夺走了,暴风科技上市后的市场表现大家都看到了。当然,360 跟暴风科技不一样,它的影响力要大得多。

今后一段时间 360 在 A 股市场将扮演什么样的角色,是王者回归还是终结者,我们拭目以待。

2016 年 7 月 18 日

汽车产能将过剩，
多出的汽车卖给谁？

有没有人知道一个叫"宝沃"的汽车品牌？"宝马"的"宝"，"沃尔沃"的"沃"，它不是宝马和沃尔沃的合资企业，而是一个叫"宝沃"的老头于1919年在德国创办的。它曾经是德国三大汽车企业之一，出货量曾经占到德国汽车的63%以上，但是1963年宣布破产了。2015年，北汽福田开始注资宝沃，希望能够复活这一品牌。估计过一段时间，大家就能在国内市场上看到宝沃的新品了。注意，这个宝沃只有在中国才能看到。

为什么一个消失了这么久的品牌能够在中国复活呢？历史上，中国汽车工业起步时，有"三大三小"的说法，现在情景不一样。前几天黄奇帆在做经济报告时提到，重庆有十几家汽车企业落地。可想而知，汽车市场风起云涌，格局跟过去完全不一样了。

中国汽车产能即将过剩

最新数据表明，照目前的势头发展下去，2020 年左右，中国汽车工业的产能会达到 5 000 万辆。那么，汽车的消化能力有多少呢？3 000 万辆！也就是说有 2 000 万辆产能会过剩。我们一直说房地产产能过剩，没想到中国汽车工业的产能也很快就要过剩了。

我不知道各位有没有印象，2016 年早些时候，一汽集团宣布了一个重大新闻，一汽轿车跟一汽夏利的重组落空。给出的理由之一就是国内市场出现了剧烈的变化。一汽轿车上半年预告将巨亏 7.9 亿元～8.5 亿元。

汽车销量的增速下滑主要有几个方面的原因：第一，大城市的汽车保有量迅速饱和，现在不只是北上广深堵车，甚至有些县城都出现了堵车状况。第二，跟城市拥堵有关。很多地方出台限购限行措施，影响了很多人的购车意愿。第三，公交轨道发展较快，购车的必要性下降。第四，二手车市场不断发展。第五，同现在汽车租赁、网络约车等各种新的服务层出不穷有很大的关系。

总之，中国汽车市场已经进入了一个低速增长阶段，有可能长期保持在 5% 以下的增速。结构性的产能过剩已经比较明显了，2015 年商用车的产能利用率只有 52%，产能利用是相当的不充分。

屋漏偏逢连阴雨！一方面是产能急剧增长，另一方面，市场增速在萎缩，这就是我们汽车行业面临的问题。

美国的"前车之鉴"

当然,汽车产能过剩不只是中国的问题,更是一个全球性的问题。美国汽车业也有过严重过剩,大家都知道的"汽车之城"底特律基本上就破产了,但是好就好在,美国是市场经济,它能够破产,能够甩掉包袱,能够轻装上阵,所以我们现在看到,美国的汽车行业的竞争力又开始回升。

我的担心是,在中国,因为大量的汽车企业都是国有投资,建起来容易,让它退出市场却是一件相当困难的事情。也就是说,很难通过并购重组去消减产能,提高效率。这样一来,留给中国汽车行业可以选择的路径就不太多了。

总之,市场就这么大,产能又过剩这么多,就看现在谁先下手,"先下手为强",谁能够抢先市场一步调整,谁就能占得下一轮行情的先机。

2016 年 7 月 26 日

恒大能够
"鲤鱼跳龙门"吗？

如果说两年前沪港通的初衷还有借外资提振A股的政策意图，那么两年后的深港通，恐怕连一般的散户都能意识到，这种政策的利好可能受惠更多的是港股。

专家是怎么表述的？对，先救港股，再救A股。港股为什么要救？

一是港股近年来已经成为全球市盈率最低的市场，就是最低，没有之一，低到只有9倍的水平，即便如此，活跃度也依然低迷。

二是沪港通开通之后，除最初一段时间，正常情况下都是南下的资金要大于北上的资金，也就是资金的流向早就是内地往港股流的多。

三是港股的低迷已经形成恶性循环，香港本地或外资都有点无能为力，即便最近美股反弹港股也未跟随。

不救港股，遭殃的当然少不了内地股。事实上，忍无可忍的公司都开始回归的行程,既包括H股,也包括红筹,前有万达商业私有化退市,现有恒大重组深深房。说到这里,我想多说几句恒大,因为它在A股(投资)和港股(股价)的表现,让人有恍如隔世之感。

恒大业绩前途光明

恒大在2016年第三季度业绩超越了万科,成为中国内地同时也是世界上第一大房地产开发商。第三季度恒大的销售额达到2 806亿元,同比增幅117.9%。9月的销售额达到475亿元,同比增长323%,较万科的收入多出177亿元。

为什么要将恒大与万科作对比?因为此前万科长期是行业第一,在得到投资者认同时,它在A股也有着行业较高估值。通过对比恒大与万科,或者能给恒大应有的估值一个大概的轮廓。

我们再深入对比一下两家的其他数据,结果发现,恒大在总资产、营业收入、现金余额等核心指标上也全面超过了万科。根据恒大重组深深房的业绩预测,未来3年,恒大销售额将达4 500亿元、5 000亿元、5 500亿元,净利润为243亿元、308亿元和337亿元。

这些数字是按10%的增长计算的,对近年年均增长30%的恒大而言不是什么压力。我们只要稍展开分析,就能得到至少两种超预期的增长可能,而这些超预期的表现,或者比恒大自己公布的业绩预期更有可能成为现实。

其一,恒大公布的未来3年净利润为243亿元、308亿元、337亿元,这是按净利润率8.8%、交楼水平70%预估的。经计算,

2010—2015 年，恒大核心业务利润率平均达 10.7%。即便在 2016 年上半年，核心业务利润率也达到 8.9%（上半年销售增长太快了，相关费用没匹配上，导致利润率下降）。如果按近年平均值 10.7% 计算，2017—2019 年的利润额能达到 300 亿元、372 亿元、407 亿元。

其二，事实上，官方用来预测的 70% 交楼水平也很容易突破。因为恒大以往年度的平均交楼水平在 83% 左右，按此计算，2017—2019 年交楼金额分别为 3 320 亿元、4 120 亿元、4 500 亿元，进一步可推导出恒大未来 3 年的利润额是 292 亿元、363 亿元、396 亿元（沿用官方 8.8% 的假设利润率）。

恒大能轻易做到的，万科是否可以？按目前万科的表现看，似乎它还需要加把劲。通过这样的对比，我们或许会说，恒大的估值应该不会低。然而，恒大的 H 股股价 2016 年最高时也不过是年初的 6.72 港元，如今仅为 5.31 港元，现市值 726.8 亿港元，折合人民币 500 多亿元，与万科超 2 500 亿元的市值相比，简直小巫见大巫。

港股的投资者如此低估恒大，在我看来，很大程度上还是缘于对恒大的经营缺乏了解。毕竟恒大的主营业务在内地，而且它的经营规模等很多方面都已经超出了港资房企过去所能给予这些投资者的认知。光是恒大在"180 个城市拥有 500 多个大型项目"这样的规模，已经让他们难以想象，甚至对企业能否管控如此多的项目都无法确信，毕竟是港资房企从未达到过的程度。

管理的"秘密武器"

先别笑他们见识少，我相信有很多内地投资者对这也未必了解。在这里略花篇幅给大家普及一下。

所谓一招鲜吃遍天,恒大能够掌握全国项目的秘密,就在于紧密型集团化管理模式。很多人知道它的这一绝招,这也并不算秘密,但实行起来确实只有恒大这个"原作者"像模像样。

恒大还通过实行标准化的运营模式,对全国各地的公司实施标准化运营,包括管理模式、项目选择、规划设计、材料使用、招标、工程管理以及营销等七重标准化,最大限度降低了全国拓展带来的经营风险,确保成本的有效控制和精品产品的打造。

怎么评判标准化做得好不好?很简单,就是在你看到一个项目时能情不自禁地说:"这跟某个项目真像!"当然,这是玩笑话,标准化的真谛在于理念,而不仅仅是产品设计外观。比如,恒大的项目标准化,会在项目区位、规模、定位等方面制定标准。比如,材料使用标准化,会在建筑、园林以及装修工程等领域大批量采用标准材料,保证了产品质量,缩减了建设成本。设计等其他方面的标准化也一样。

就这样,180个城市500个项目就全盘置于它的掌控中了。别小看这500个项目,这可是1.86亿平方米优质土地储备,还没有任何房企的土地储备能够达到这一层级。没听错,我用的是"层级"这个词,恒大的土地储备规模优势可不是一个"行业第一"就能形容的。而土地资源,是这个行业最核心的竞争力。

这些土地,原价就达到2 516亿元,世邦魏理仕的评估现价即为5 242亿元。加上它重组深深房可以引进300亿元战略投资,其负债率将从92.9%降至65.8%。而随着销售及交楼金额的大幅上涨，销售回报及净资产大幅增加，净负债率将持续降低。

深港通是飞跃契机

不怕不识货，就怕货比货。

能赚钱的恒大与A股的一些铁公鸡截然不同。它在香港上市7年，年年派息，现实总是让人大跌眼镜。股息率7.9%，最高年份20.9%，上市以来累计派息254亿元。

可能有些内地投资者喜欢题材股，而2016年以来，恒大在A股的动作巨大，衍生了不少题材股。此前，恒大一举拿下廊坊发展成为第一大股东，同时接盘嘉凯城，后来更是在万宝之争的关键时刻杀入战团，目前持股高达14%。

试想，恒大万科联手，中国地产一哥销售规模立马上万亿，强强联合，恒大的价值提升空间只比万科大不比万科小。光想到这儿，已经很难再去想象恒大的估值应该在怎样的水平了。

深港通来了，内地投资者当然比香港当地投资者对恒大价值的认识更透彻到位。不熟的不做，这是投资常识。恒大的H股估价如果想修复，寄希望于南下资金才会更有可能，但愿深港通能够成为恒大"鲤鱼跳龙门"的契机。

所以，如果要救港股，不如救内资股，内资股（当然也包括恒大和万科的H股在内）昂首向上，A股就有了走强的支撑与底气。

2016年12月4日

富士康
要跑了？

郭台铭是全世界最大的代工企业富士康的掌门人。前段时间，他和特朗普见了个面，但当记者追问是不是有这回事的时候，郭台铭却装聋作哑。不过现在，已经证明他不仅和特朗普见了面，还和美国六个州的州长一起见了面。

美国减税吸引力十足

在富士康收购夏普之后，郭台铭就一直计划在美国建厂。因为液晶电视大型面板运输困难，如果要在美国销售，在美国建厂是一个非常合理的选择。

富士康在美国的项目规模高达70亿美元，这就是为什么那些州长要参与竞争了。美国也有招商引资的急迫感，这一点和中国是一样的。

出于运输成本的考虑，富士康不光要在美国建大型面板厂，在印度要建，估计在欧洲也会建。

富士康要在美国建厂，大家自然想到美国的减税政策是不是产生了作用？毫无疑问，优惠政策是有一定作用的。现在在美国建厂交税，已经从 35% 降到了 15%，这个降幅相当大，当然这对美元资本回流也很有吸引力。

从制造业大国到制造业强国

但是，就此得出"制造业开始回流美国"的结论还为时尚早。决定制造业在哪里落地的因素很多。除了交通运输成本外，人力成本也是很重要的一项。

虽然中国的人口红利已经有所削弱，但是过去享受劳动力人口红利时所积累的劳动技能，已经变成另外一种红利。劳动技能红利不是仅仅有劳动者就能形成，它需要时间积累，需要培训，需要综合的锻炼。从这个角度讲，美国多年制造业的萧条，已经失去了这种积累。

当初库克也说，他不是不想把苹果生产线移回美国。但他最后放弃了，还是因为他发现美国劳动生产率偏低，他找不到足够多的具有劳动技能的成熟工人和技师。根据美国制造业工程师协会的数据显示，2015 年年底，美国高级技术工人缺口高达 300 万人；2020 年，机械师、电焊工等制造业高级技术工人缺口将达到 87.5 万人。

这就是美国面临的一个窘迫局面。人是有，但是技能缺乏。反过来，中国实际上在过去 30 年有了积累，至少在这个层面上更具优势。

当然，富士康到美国生产，最后能带动多少制造业跑到美国去，我觉得还是跟制造业自身的利益息息相关。如果挣钱真的多，你挡都挡不住；如果并不形成多少利润，那么一两个企业，并不能说明问题。

值得注意的是，基于劳动技能红利，的确也给了我们一个话题，那就是中国真的到了从制造业大国向制造业强国转化的时刻了。

2017 年 5 月 12 日

大股东
忽悠套路太深

简单地讲，异化就是把自己变成非己的过程。在哲学上，异化就是事物变化为自身对立面的过程。

异化曾经是个敏感的话题。

但是，异化在现实中无所不在，在股市也如此。

比如说增持，特别是大股东的增持就是在异化，异化成什么呢？异化成大股东影响股价，以及经营公司市值的过程。大股东增持变为董事长增持，董事长增持又变身为职工增持，董事长一般是公司的所有者，但是董事长自己不增持却动员员工增持是不是有点奇怪？当然，董事长也不是只动嘴皮子，董事长还会向员工承诺，你增持，挣了算你的；赔了，算我的。这种承诺，听上去很美，但是充满了欺骗。

欺骗的其实是二级市场的股民。

立竿见影只是鸡血而已

从类似的概念提出到现在，水皮还没有看到有哪位董事长真正补贴了员工的增持。事实上，这样的号召始自 2015 年 7 月以后的股灾，彼时大量的公司股价崩盘，证监会公开号召救市并且明确要求上市公司自救，大股东增持就是其中的五大选项之一，暴风科技就是那个时候提出增持方案的，虽然一度股价有过 18% 的上涨，但是我们都知道在重组失败后暴风科技的下跌超过 68%，这样的跌幅上如果员工响应了高位增持，不知道董事长又有多少资金可以补贴给大家。直白一点，如果董事长真的觉得自己公司的股价足够低，忍无可忍，为什么这样的便宜不自己捡而要让给员工？再进一步讲，如果董事长无钱补仓那么又怎么能指望他承担兜底的责任，是否他也有心无力？

所以，所谓兜底增持纯粹就是忽悠。

这种忽悠并非无的放矢。事实上，公布方案的公司多少都能收获立竿见影的效果。科陆电子是其中的佼佼者，它此前的增持公告为其收获了 6 个涨停板，即便至今也有近 40% 的涨幅。所以，尝到甜头的科陆电子成为二进宫的尝试者。

散户不要跟着背锅

城里人的套路太深了。

大股东的持股成本永远是个谜，有人担心质押股票面临爆仓的危险，担心有多少公司会从此易主，这多少有点杞人忧天。大股东质押的股票即便打三折也是一种变现，所以，大小非减持新规对这些质押的大股东是没有约束力的，受伤的其实是已经收押了一批股票的机构，无法强平只能干赔，赔多少就看泡沫有多大，大股东撤退的公司究竟有多少价值，投资者可以自己去判断。

中国股市正在经历转型，作为既得利益的大股东群体会寻找长期经营和短期套现的平衡。如果一个公司做砸了还能卖壳卖掉10亿20亿的话，又有谁会把精力放在经营上？如果清仓式的减持变现收获远超一辈子苦心经营的利润，还有谁会整天担心股价的涨跌？问题是这种平衡的成本总要有人承担，而这个角色只可能是散户。

口惠而实不至，这就是董事长号召员工兜底增持的本质。要么铁公鸡不肯出血，要么地主家也没有余粮。总之，不地道。不知道证监会什么时候才会对这种没有任何约束力的大股东声明进行监管。

忽悠，也是要有底线的。

2017 年 6 月 10 日

第五章
莫待无花空折枝

人民币涨涨跌跌一直牵动着我们的心,且直接关系到我们的生活。加入 SDR(特别提款权)后的人民币会走向何方?目前对美元而言贬值的人民币,何时会再涨,可以更安心地"买买买"?随着中国在国际上话语权越来越重,人民币也必然花开满枝。

人民币执黑先行
机不可失

《8 000 亿放量暴跌揭秘》写于 2016 年 7 月 27 日上午,其时暴跌尚未开始。午盘前 5 分钟,沪深两市指数跳水,一发不可收拾。确切的原因就是银监会关于银行理财的规范化意见,精神就是不准炒股。理财产品分基础类和综合类,不准搞分级产品,应该讲口径比此前证监会规范私募资管的精神有过之而无不及,可以想象的是,下一步保监会一定会出台相应的规范文件,对包括万能险在内的带资管属性的产品严加管束。

打击炒作用心良苦

证监会、银监会、保监会对理财产品的规范其实是股灾之后的实质性亡羊补牢,万科之争暴露出的问题加速了大家的共识。权威人士早在 5 月 9 日的《人民日报》上明确,杠杆是金融的原罪,而且明确年初股市的波动不是投机力量超调所致,而是金融系统内部脆弱性的原因。

2015年的行情是成也萧何，败也萧何。萧何不是别人，就是杠杆。加杠杆，股市暴涨；去杠杆，股市暴跌。加杠杆炒股和借高利贷赌博是一回事。高层认识得非常清楚，不可能让杠杆成为金融危机的隐患。反过来说，如果去杠杆会导致股市大跌，那么股市的泡沫本身就显而易见。现在融资金额又到了8 800亿元左右，而股市最大成交量才8 000亿元。如果一天的成交量都是借来的钱，你觉得安全吗？

中国散户不怕套、套不怕、怕不套的原因在于炒股和炒期货不一样，都是自己的钱，套牢了就装死猪不怕开水烫，反正只要公司不破产不退市，股票就不会为零。但是现在不一样了，加了杠杆意味着有强制平仓，完全可能血本无归。这和理性投资的理念相去甚远。大多数散户毕竟不是职业赌徒，投资股市也是为求财不是为拼命。证监会打击概念炒作实在用心良苦，对于大家的博傻忍无可忍。刘士余的确为散户着想，但是估计没有多少人会感激，反而可能恶语相向。

流动性已成陷阱

钱紧是趋势，虽未实现，但是方向确定，必须收紧。否则，中国经济永远逃不出恶性循环的流动性陷阱。水皮有篇杂谈论及房价是货币现象，中国的M2过去每年增长13%甚至还多，这意味着老百姓的财富每年贬值13%。钱越印越多，但是购买力越来越低，资产荒的出现不是偶然而是必然，所以形成了现在的格局。即产业资本托不住金融资本和房地产，金融资本和房地产又托不住土地财政，财政资金同样托不住货币增发，货币增发这个龙头不收紧,那么财富就是被注水、被贬值、被掠夺,财富的焦虑感就油然而生。所以,不但穷人感到无望,就是富人也充满担心,没有安全感,海外投资就是一句空话,每年5万美元的限额能干什么?放开了,外汇涌出又成问题。人民币升也不是贬也不是。总体上讲,一个阶段、一个社会的财富总量是确定的,货币印多了,单位价格就下降,不是汇率就是资产的价格,既指房价,又指股价。一般居民的财富主要体现在房子和股票投资上。人民币收紧发行,对于市场短期利空,但长期是利好。美联储每年的M2不过3%～4%,所谓美元成为全球货币之锚,成为金本位的替代品,成为现在最硬的硬通货,一句话,美元值钱。反过来讲,人民币稳定了,真正值钱了,很多问题就有了解决方案。人心稳了,市场稳了,资产价格也就稳了。人有恒心,始有恒产;人有恒产,才有恒心。政治局会议提出抑制资产泡沫,有人解释是针对房地产,显然褊狭,因为如果只指房地产,那么直指房价上涨过快岂不明了;历史上宏观调控一直如此,完全的含义决不只指房地产,还包括什么,自己去理解,不理解水皮再解释也没用。

钱不是万能的,但没有钱万万不能,只是钱多了也是祸害。不但注水,而且让人产生幻觉,恶性膨胀,自以为是,目中无人,胆大妄为,自食其果。现在流动性已经成陷阱,必须跨越,一定要跨越,非跨越不可。从何做起?从货币M2做起,从紧缩做起,从收缩银根做起。在全球棋局中,这也是执黑的先手,人民币化被动为主动就在这一手。

2016年8月1日

人民币
还要看美元的脸色？

　　M2 在 2000 年时是 13 万亿元，2016 年是 150 万亿元。16 年的时间，M2 的数字居然可以翻 10 倍。我们的财富究竟是增长了还是减少了？如果增长，我们的焦虑又从何而来；如果减少，我们又担心失去什么？

　　弗里德曼说过，一切通胀现象都是货币现象。而在货币如此超发的背景下，中国居然没有出现恶性通胀。不但恶性通胀没有，即便温和性通胀也没有，PPI 甚至连续多年负增长，这一切恐怕只能拜中国的房地产所赐。没错，中国的房地产充当了 M2 蓄水池的作用，吸纳了流动性，甚至产生了挤占效应。亿万居民幸运地成为房奴之后，来自居民的信贷占据了他们可能的一半以上的储蓄，使得他们其实已经没有多余的能力去消费，再加上 90% 的行业均产能过剩，使得供不应求的通胀失去了基础。

矛盾背后的逻辑

M2从何而来?

为什么过去的若干年M2都在13%左右,现在又一度下降到11.4%?今后会不会继续下降?经济学上有一个三角难题,即在货币政策和汇率及自由兑换这三者关系中很难两全其美:货币能自由兑换就不用什么货币政策,有了也不管用,汇率就是市场的反映;货币政策如果决定发挥作用,那么货币就不能自由兑换,汇率也就变得僵硬。

具体到人民币。人民币不能自由兑换,也就是美元在中国境内不能自由流通。所以,中国有货币政策,当然也有可管理的汇率波动。作为对货币政策的反应,从官方的表述讲,中国的货币政策是稳健的,但是内涵和外延和大家一般理解的不完全相同。按M2的标准是绝对宽松的概念;按存款准备金率的标准则是绝对从紧的概念。这种矛盾实际体现的是中国货币政策的本质,即被动。中国的货币政策一直以来就是被动的,要在汇率、人民币自由兑换、政策之间走钢丝,焦点就是外汇占款人民币投放。众所周知,外汇在中国是受管制的,美元不能自由流通,那么进入中国的美元资本怎么办?只有换成人民币才能在境内使用,退出时再换回美元。在这种情况下,外汇储备的增长就意味着外汇占款人民币投放的增长,3万亿美元的外汇意味着基础货币的投放就是20多万亿元人民币,如果乘上流通倍数,就相当于60万亿元~100万亿元人民币的流通总量。而这些投放又不是现实市场流通所需要的,央行又尽量回收,其中办法之一就是提高存款准备金率,而准备金率居高不下常年在20%左右则意味着银行可贷资金的增量其实是有限的!这就表现为第二个矛盾，一方面看现在是流动性泛滥，另一方面却是企业融资难到了前所未有的程度，银行宁可把钱借给私人购房，也不愿借给中小企业发展生产，所谓"资金荒"也由此形成。

美元动向决定中国 M2

中国货币政策的被动是因为人民币没有完成国际化而中国又是国际资本热钱涌入的新兴市场。国际化完成，被动也就不存在，因为货币政策可以休息了。没有完成国际化，人民币就必须看美元的脸色，美元流入或流出一定程度上决定了中国的 M2 变化。

美元下一步要加息，要走强，要回流，中国的人民币外汇占款投放相应的压力就会减轻，存款准备金率如果不相应下降，那么实际上就是从紧，美元剪羊毛的季节到了。2016 年 10 月 1 日，中国人民币将正式成为国际货币基金组织的结算货币，也就是俗称的特别提款权（SDR），中国在其中的份额在美元、欧元之后列第三，加入 SDR 的两个前提条件是国际贸易结算和自由兑换，中国是以第一个条件加入的，希望这是为第二个条件造势，能够加速人民币的自由兑换。

人民币要看美元的脸色，美元要看美联储的脸色，美联储又看谁的脸色呢？当然是美国政府的脸色。现在正值美国大选，耶伦再傻也不可能在此时此刻加息，拖也要拖到年底。道理很简单，华尔街是希拉里的金主，也是民主党的金主，此时加息相当于帮倒忙，帮特朗普的忙，砸希拉里同一阵营的奥巴马的台。政治无处不在，加息又何尝不是如此。

2016 年 9 月 26 日

人民币暴跌！
这些人特别不爽

6.7曾经被称为人民币的铁底，但是在2016年"十一"黄金周期间，这个铁底悄悄被破掉了。事实再一次证明，任何铁底都是用来破的。截至10月12日，人民币贬值已经持续6天了，到了6.72。下一站在哪里这是很多人关心的问题。从数字看，我们不知不觉又回到了6年前，想来也是非常令人感慨的事情。

多重原因导致贬值

债转股实际上是将债权关系转化为股权关系，也就是说如果你们公司欠A公司的钱，A公司不要了，干脆以这些钱入股，成为你们公司的股东。

人民币跟6年前的价格差不多，为什么会这样呢？在水皮看来，一是因为"十一"之前人民币要进入SDR，当时为了保持汇率的稳定，该贬没有贬，那么现在已经进入SDR了，市场机制就发挥调节作用了。

二是跟美元走强有很大的关系。人民币进入 SDR 之后越来越国际化，受美元的影响也更大了。美元持续走强，会吸引资本回流美国。这样一来，不仅是人民币，像英镑等跌得更厉害。

三是中国经济现在处在下行的区间，大家对人民币超发是有一定的预期和判断的，所以认为其贬值也是正常的事情。尤其是国内的楼市、股市还相对稳定或者坚硬的时候，恐怕只有人民币贬值才能够对冲。既然不可能三个市场都保持强势，那么人民币首先就表现出来。

国务院明确规定，债转股的范围主要是指银行贷款形成的一些不良资产，银行的贷款贷给企业之后，企业在经营上会碰到各种各样的问题，有的可能跟经济周期有关。比如房地产企业，随着房地产调控，房价也可能下跌，开发的项目可能一时半会儿资金周转不灵，银行贷款就还不了了。从长远看，这些公司资产的质量还是可以的，如果就此清算，会造成完全的损失；如果清算时间长一点，还款时间长一点，它说不定又活过来了。

债转股实际上是一种时间上"错期"的安排，让企业能够有一个回旋的余地，它实际上也是金融权益再分配的一个过程。

对老百姓的影响明显

人民币贬值的后果会怎样，专业人士自有分析。安邦咨询认为有以下几方面影响。

第一，会影响到资本储备。人民币贬值会导致政府动用大量资本头寸去平衡。当然，我们不会守一定的底线，但是动用资本就会动用各种各样的外汇储备。第二，汇率与利率会交互影响。第三，会影响到经济次序。人民币贬值虽然对出口有一点好处，但全球经济形势也不太好，利好的因素有限。对全球贸易来讲，人民币贬值反而会影响中国的进口。第四，资本外流。第五，中美交互影响冲击资本市场。如果人民币真的贬下去的话，那么股市也扛不住。第六，债务。还的债多了，美元计价的债券或债务公司会受到重创。第七，负面的国际影响。担心中国会不会输出通缩。第八，一定程度上影响供给侧改革。人民币贬值了，虽然国内通胀未必会受到影响，但是部分商品和服务价格出现上涨是完全可能的。

对老百姓来讲，人民币贬值最直观的感受就是不管出国留学、境外旅游还是出国买东西，跟以前不太一样了。至少是大大的不爽！

2016 年 10 月 13 日

人民币贬值
哪里是终点站？

事到如今，人民币贬值已经没有任何悬念，大家现在不清楚的是这种贬法有没有终点站？

说老实话，水皮也不知道答案。周小川也许知道，但他不会说。周小川的答案也未必正确。市场的事其实谁也说不清楚，这个世界有过叫诸葛亮的，不过即便他再世也不见得猜的准，为什么？跨国的事情，中国说了也不算！

人民币怎么就跨国了呢？

人民币当然跨国了！如果说2016年"十一"国庆节前人民币还不算正式跨国，那么国庆节后就是名副其实的跨国了。SDR就是这个意思。人民币正是在"十一"以后成为国际货币基金组织的储备货币，权重排在美元、欧元之后，排在日元之前。人民币从此成为组织内各国可以相互结算的货币，这不是跨国又是什么？！这也是为什么在"十一"前人民币汇率相对稳定，而

"十一"后人民币像刹不住车似的跌跌不休,破了6.7关口不说,还一口气攻到了6.785 8的中间价,刷新了2010年9月1日创下的最低水平6.785 0。离岸人民币盘中最高达到6.798 7,在岸人民币盘中最高6.786 9。纪录就是用来打破的,这句话用在人民币贬值上真是再恰当不过,但是,贬值的速度之快依然让人感到不适。

美元短期政策影响加大

6.8元估计守不住,6.9元估计也守不住,7元能守得住吗?自从2015年8月11日央行启动人民币汇率中间价报价机制改革以来,人民币已经过了三轮大幅贬值,累计贬值幅度超过10%。

第一轮是2015年8月11日,央行将中间价下调1 000点,人民币一次贬值20%,创下历史纪录。第二轮是2015年12月11日,央行推出一篮子货币指数,人民币纠偏再度重启。12月30日,人民币在岸对美收盘跌0.1%,报6.491 2元,创下2011年5月以来最低。第三轮始于2016年6月24日,英国脱欧导致英镑对美元暴跌10%,美元指数被动飙升,人民币大跌突破6.6元,报6.617 2元。7月18日,人民币跌破6.7关口,为2010年11月以来首次。10月1日人民币正式成为SDR前,外界猜测,央行干预离岸市场,抬高利率以维护人民币稳定。

必须指出的是,我们通常讲的人民币贬值只是针对美元,而对欧元、英镑和日元都是升值的,对其他非美货币更是如此,当然港元除外,因为港元盯紧美元,也就是说,其他货币对美元贬值贬得更厉害,反过来也可以讲是美元升值太厉害。为什么?因为美联储12月加息预期不断升温,美元回流美国本土指日可待,仅从中国外汇储备看，从高峰到现在流出的已经超过5 000亿美元，这必然推动美元升值，从而形成一个有利于美元的良性循环，这跟人民币本身有没有问题没有关系，跟美联储的短期政策取向有关系。

没有持续性贬值的基础

人民币有没有贬值的内在压力呢？中国官方口径一直是人民币没有持续贬值的基础，水皮同意这个判断。但是，间歇性的贬值可能一直存在且正在进行中。道理很简单，这么多年人民币印的可不少，M2每年13%，虽然都是外汇占款人民币投放惹的祸，但毕竟流动性因此泛滥。物价是没怎么涨，但是大家都看到房价涨到天上去了，房地产充当了蓄水池，化解了通货膨胀的压力。这个蓄水池能永远当下去吗？水早晚溢出来，想避免洪灾，必须关紧水龙头。已经放出来的水恐怕只能降低水压，也就是贬值。

一般来讲，本币出现贬值，对股市而言肯定是利空，但是好像中国股市比较奇葩，黄金周之后天天有贬值的消息，股市却被人为地拉出一波行情，指数冲上3 100点。不但冲上3 100点，还有资金力守3 100点。其中10月17日B股指数跳水6.5%也没能挡住主力的步伐，摆出了一副人定胜天的架势。跟或者不跟搞得不少人精神分裂。跟，不合理；不跟，不挣钱。还有比这更愁人的吗？淡定，谈何容易！

但愿人民币的贬值可控，千万不要一觉回到解放前，前功尽弃。只有中国人民最希望人民币坚挺。

2016年10月31日

欧洲央行
卖美元买人民币?

欧洲央行买入 5 亿欧元人民币,应该讲是意料之外,却又情理之中。就在美联储加息的靴子落地的前一天,欧洲央行做了这一决定。

实话实说,这是欧洲央行历史上首次配置人民币。作为外汇储备资产,也是对人民币投资力度最大的外国中央银行。欧洲央行不比一般主权国家的央行,它实际上是整个欧盟国家的银行机构。最关键的是欧洲央行为了保持外汇储备总体规模不变,还抛售了等值 5 亿欧元的美元资产,所以它的意义不仅在于第一次配置人民币作为外汇储备资产,它还调减了美元的规模,所以一定程度上,人民币成了美元的替代角色。

增持考虑深远

那么欧洲央行此次买入人民币与美联储加息有关系吗?在水

皮看来，有一定的关系。虽然欧洲央行增持人民币的决定可以追溯到 1 月 20 日，但是选择在美联储加息前增持，一定程度上是为了应对美联储加息对美元汇率的影响。

众所周知，欧洲央行目前推行"量化宽松"政策，而这恰恰与美联储加息收紧的货币政策背道而驰，并且一轮轮的加息使得近年来美元汇率波动幅度较大，而美联储加息对于人民币的影响并不大。因此，欧洲央行在此时增持人民币，是看到了其对抗美元风险的能力。

除了应对美联储对美元汇率波动的影响，欧洲央行增持人民币还有其他的原因。首先，人民币加入特别提款权（SDR）的效应显现，人民币作为全球性的国际货币得到了更广泛的使用，也得到了许多国家的认可。其次，多元的外汇储备可以平衡各种风险。目前，欧洲央行持有 417 亿欧元的美元，占比高达 75%，特朗普先后退出北约协定、巴黎气候协定，导致美元汇率波幅较大，而多元的外汇储备有利于防范汇率风险，毕竟鸡蛋不能放在一个篮子里。

释放积极信号

当然，最重要的是欧洲与中国贸易关系越来越紧密。英国脱欧、美国退出巴黎协定，欧洲和美、英越走越远，欧洲就来抱中国的"大腿"，来牵制它们带来的影响。同时，中国"一带一路"倡议也让欧洲看到了巨大的商机，"一带一路"，你别看海上一条，陆上一条，起点是中国，穿越的都是中东或者东南亚这些发展中国家，但是最后的落脚点实际上是欧洲。所以储备些人民币，既可以维护欧元的稳定，也可以拉近与中国的关系。一石多鸟，何乐而不为？

虽然 5 亿欧元人民币的外资储备相对于欧洲央行 680 亿欧元的外汇储备资产占比甚微，但却释放了积极的信号，反映了人民币日益扮演起更加重要的国际货币角色。

当然，随着中国货币在国际上的影响力越来越大，未来人民币资产在外国央行外汇储备中的占比也会稳步上升。同时，中国在国际经济中的影响力也与日俱增。对中国的老百姓来讲，手中握的人民币越来越值钱，走到世界各国都有人认可，这种民族自豪感也是前所未有的。

2017 年 6 月 20 日

为啥各国
都在囤黄金？

俗话讲："盛世做收藏，乱世买黄金"。我想世界各国的央行，其实都懂这个道理。

近日，国际货币金融机构官方论坛（OMFIF）公布了一份报告，它描绘了包括央行、退休基金以及国家主权基金等全球公共部门对黄金的增持情况。报告显示，全球公共部门一共增持了黄金储备 377 吨，总量达到 3.1 万吨。这个数字相当于全球已开发的黄金总数的五分之一，更创了 1999 年以来的新高。这说明世界各国对黄金储备的增加非常明显。

黄金储备增加最多的两个国家分别是俄罗斯与土耳其。其中，俄罗斯增加了 64.9 吨，总数到了 1 680 吨；土耳其别看国家不是很大，但增持幅度很大，为 50.8 吨，黄金储备达到 427 吨。

事实上，除增持黄金外，另外一些国家也都加快了黄金回流本国的速度。之前很多国家的黄金是放在美国的，现在开始从美国运回。像德国，在过去一年就运回了 100 吨的黄金。

有效的自我保护手段

黄金为什么会成为世界各国央行或者公共机构青睐的对象呢？一方面，2016 年黄金价格上涨了 20%，这个涨幅超过了道琼斯指数的涨幅。另一方面，国际上政治危机不断。英国脱欧、意大利公投、特朗普上台，包括虚惊一场的法国总统大选。这些不确定因素让大家对黄金产生了更浓厚的兴趣。

当然，马上就是金融危机十周年了，其实在抗击金融危机的过程中，世界上很多国家都犯了"央行依赖症"，就是靠央行放水来过日子。实际上，现在流动性已经严重泛滥，大大超过现实经济交易的需求，一旦货币收紧，资产价格就会产生剧烈的波动。为了对抗这些货币危机，大家对黄金情有独钟也就可以理解了。

一个国家储备货币相对集中，会产生依赖，对于汇率的变动就相当被动。所以中国跟很多聪明的投资者一样，是不会把所有的鸡蛋装在一个篮子里的。黄金在中国的外汇储备中占比相对低，只有 2.4% 左右。美国这个比例到了 75%，德国 69%，意大利 68%。

中国央行从 2015 年 6 月开始，就一直有意识地增加黄金储备。根据央行公布的最新数据显示，截至 2017 年 5 月末，中国的黄金储备是 5 924 万盎司，相当于 1 842.57 吨，同比增加了 1.89%。

增加黄金，减少美元储备，对中国央行抗击美元汇率波动，减少汇兑损失，提供了一定的帮助。

2017 年 6 月 16 日

第六章
莫愁前路无知己

　　互联网的洪流对中国的影响比对任何国家都明显,越来越多的内容进入大众视野,供大家讨论。国计民生的话题是如此繁复,我们几乎可以从任何热点话题中找到与自己有关的思考点。不必担心,我们,向来都不是一座荒岛,让我陪你一路同行。

假如王宝强是个
"心机 boy"

如果离了婚,不谈钱还能谈什么呢?谈钱的确伤感情,但是离了婚,不谈钱还能谈什么呢?王宝强事件,我们现在只能谈谈他的财产怎么分配。

他去法院提请离婚分割财产,借钱诉讼,可能的确到了忍无可忍的地步。显而易见,现在已经没什么感情了,王宝强能做的也只能是保护自己的合法权益。换句话说,就是争夺自己的财产。

身家与电影业发展息息相关

我们先来看看王宝强婚后到底有多少财产。根据公开的福布斯榜,估计在 1 亿元左右。也就是说,王宝强的妻子马蓉至少可以从婚变中分得 5 000 万元。

很多人以为,马蓉作为过错方,财产会少分一部分,但是从法律上看，在证据充分的情况下，一旦法院认定了一方有婚姻过错行为，财产分割确实会有一定倾斜，但倾斜度不会太大。也就是说，出轨的一方并不会因此少分多少财产。

网上还有很多人翻出王宝强公司的股权变更，王宝强妻子马蓉持有的股权从 75% 降至 0%，说明她的股份已经变更到王宝强名下了。其实，无论这个股权在谁的名下，都属于夫妻双方的共同财产，切割的时候还是一人一半。

王宝强辛辛苦苦挣得的身家，付之东流当然可惜，所以他奋起力争也是非常能理解的事情。

作为一个知名的电影演员和电影投资人，王宝强整个发家的过程跟中国电影业的崛起有很大关系。他现在面临的，不仅是财产上的损失，也可能是市场票房的回落。

数据显示，中国整个电影票房在 2016 年第二季度下降幅度相当大，也是 5 年来首次同比下降。中国电影市场的收益拉响了警报。像王宝强这样在过去伴随着中国电影市场爆发式增长而扶摇直上的电影人、电影投资人，将会迎来一个寒冬。对王宝强来说，真可以说是"屋漏偏逢连阴雨"，不但一半的财产要化为泡影，以后赚钱可能也越来越难了。

如何才能保护自己？

我们现在来看看，王宝强怎么才能有效地保护自己。名人与其预防婚后财产会发生纠纷，不如在婚前就对自己有一个自我保护的锁定，把婚后的收入锁定为婚前财产。

最好的例子就是刘强东。刘强东在和奶茶妹妹领证前，透支了自己10年的薪水和奖金，将其变为股票期权，价值26.5亿元。然后，他突然宣布结婚了。这就意味着，这26.5亿元是他的婚前财产，完全没有奶茶妹妹的份儿，而自己婚后10年的收入则变成了0。真是满满的心机。当然，这也不能怪刘强东，毕竟在商场摸爬滚打这么多年，见惯了人心险恶、世态炎凉，难免心生防备。

另一个可以借鉴的"心机老boy"就是传媒大亨默多克。默多克也算是"吃一堑，长一智"，在他与第二任妻子离婚时，因为没有做任何财产保护，他付出了17亿美元的分手代价，可谓损失惨重。此后，也就是在与邓文迪结婚前，默多克把主要财产放入了家族信托。家族信托是将自己的财产设立一份信托，并可以预设各种条件，更换受益人、取消受益权。不仅保密，而且灵活可控。

他跟邓文迪离婚时，邓文迪只获得了两处房产和让两个女儿成为870万美元基金的受益人。结束第三次婚姻的默多克仍然笑拥139亿美元的资产。

跟刘强东比，王宝强简直算得上"耿直boy"，不管是公司还是房产，都有妻子的一份。王宝强在婚姻中失去了自我，事情发展到现在，说什么都是太晚。不管怎样，这一场婚姻伦理以及抢夺财产大战，撕扯到最后就是两败俱伤。在没有阴谋的前提下，不管谁对谁错，毕竟曾经相爱，该付出的代价总要付出，与其成为全民娱乐的话柄，不如好聚好散，各自为安。

2016年8月16日

富人凭啥富？
穷人为啥穷？

什么标准才称得上是有钱人？一般而言，有钱人特指高净值人群，也就是手中握有的可交易的金融资产或是可以炒作的房产数达到一定规模的人。国际上一般指资产净值在100万美元（600万元人民币）资产的人群。以中国的标准看，标准要更高一点，有钱人的门槛一般是以千万元计算。

一组数据看财富属性

中国有多少有钱人呢？根据胡润最新的榜单，截至2016年5月，中国内地千万高净值人群约134万人，比2015年增加13万人，增长率达到10.7%；亿万高净值人群约8.9万人，比2015年增加1.1万人，增长了10%。

有钱人都分布在哪些地方？根据榜单显示，富人分布最多的是广东，千万资产人群数量为24万人，比2015年增加了

17.7%；第二是北京，共 23.8 万人，增加了 2.4 万人；第三是上海，比 2015 年增加 2.4 万人，达到 20.5 万人；浙江排名第四，增长了 1.4 万人，达到 16 万人。这 4 个省市共拥有高净值人群 84.3 万人，占全国的 63%。

值得一提的是，2016 年广东取代北京成为千万资产人群最多的省份。为什么广东富人会超过北京呢？在过去一年中房价上涨最多的就是广东。深圳有的楼盘上涨幅度高达一倍，所以广东炒房的财富收入当然会大幅上升，富人的数量也超过了北京。

此外，千万资产人群主要由企业家、金领、炒房者和职业股民构成。其中企业家和金领构成最稳定，构成比例分别占到 55% 和 20%。剩下的 25% 就是炒房者和职业股民了，而炒房者和职业股民形成了此消彼长的态势。炒房者增幅比较大，比 2015 年增加了 5%，这与 2015 年底 2016 年初房价暴涨有很大的关系。与之相反，职业股民随股市的涨跌调整，占比有所下降。

学习富人的理财方式

存款、不动产、保险依然是千万资产人群最主要的三大投资理财方式。同 2015 年相比，不动产的投资比例相应下降，这与 2016 年的行情有一定的关系。俗话讲"吃不穷，花不穷，算计不到才会穷"，讲的其实就是富人的投资理念。当然，普通工薪阶层也可以参照。

富人的投资范围无非是存款加一定的股票，还有就是房产购置，他们比我们选择多一点的是可以进行海外资产配置。我们每个人每年可以换 5 万美元，如果一个家庭全员动员就可以积少成多，有机会也可以在海外做一点小小的投资。当然，你如果看好美元上涨，做一点美元资产，甚至换点外汇也是可以考虑的。

造成这种现象的原因有很多。我有个朋友的话是非常经典的，他说："有钱人之所以有钱，就是因为他有钱"。这不是屁话吗，但仔细想想实际上是有道理的。正因为他有钱，他可以投资，最后可以钱生钱。关键是，富人其实是投资者。

穷人为什么穷呢？同理。因为他没钱，从而导致他更没钱。穷人有限的那点钱全用在消费上了，所以他没有钱去投资。没有钱去投资，注定他只是一个被动的消费者。这也是投资者跟消费者之间的差异。

穷人与富人之间的差异其实很小，就是投资者与消费者角色不同的差异。

2016 年 8 月 18 日

你的工资
"被下降"了没有?

如果说我们大家"工资被增长"是苦中作乐的话,那么"工资被下降"就是无可奈何的事了。8月以来,各地的工资指导线密集公布,10余省公布了指导线,和2015年相比大多数是下调或者持平的。

什么是工资指导线?它跟企业最低工资标准不一样,它是不具备强制约束力的,仅仅是政府公布的一种指导性的信息,说明政府是希望企业给大家涨工资的。换句话讲,从政府的角度理解涨工资恐怕是一种刚性需求,是必须保证的。

工资上涨是必需的

为什么说工资上涨是刚性要求?谁都知道,经济发展的目的就是改善生活,一个国家的GDP如果连年高速增长,社会财富不断增加,它至少应该是一个权益共享的过程。一般的工薪阶层就是通过工资的上涨来分享经济成果。所以说，如果GDP还在涨，工资当然应该涨，甚至上涨的幅度应该略高于GDP。

过去每年都会公布最低工资标准，也都有工资指导线，很多情况下都是两位数。现在看来情况有点变化。什么变化呢？就是增速下降！

大家听清楚是增速下降，并不是变为负增长。以企业工资指导线为例，我们发现，已经公布的地方都少于10%，而2015年很多地方都高于10%；另一方面，最低工资标准增幅在过去最高的年份甚至到了20%。到现在几乎是"腰斩"，能够保持在10%已经不错了。

为什么会出现这种情况呢？当然是同经济调整有很大的关系。大家知道，"新常态"下我们的经济增速还在持续下滑，企业经营的压力实际上在持续加大。在这一背景下，政府降低工资增速也算是为企业减负。

给企业减负还有空间

不过，跟引导工资增速下滑相比，降低企业劳动力成本更有效的路径是降低五险一金。我相信对此大家意见会少一点，实施的阻力也会小一点。

我国的五险一金几乎是世界上最高的一个标准。以北京为例，五险一金缴纳合计费率高达66.3%，个人交22.2%，企业交44.1%。也就是说，如果我们从一个企业里领到的工资是10 000元，到手只有7 800元。企业要为员工支付的成本是14 400元。

中间 60% 的钱去哪了？交了五险一金！把五险一金降下来对企业降成本还是挺管用的。对员工的收入来讲，也没有实际的下降。

从全世界的费率来看，我国的五险一金在 125 个国家中都是很高的一个数字，占工资比例 40% 以上。显而易见，中国的社保费率是有调整空间的。从这个角度讲，我们建议政府更多是从减少企业的税收和减少五险一金等企业支出压力来寻找解决方案，给企业减负，给中国经济加油。

2016 年 8 月 22 日

谁动了我的养老金

一个好汉三个帮，如今一个老人要三个养，年轻人的养老压力正在逐步增加。

我们过去一直都说，中国经济的优势就在于人口红利，但现在人口红利却慢慢变成人口负债。据统计，从 2013 年开始，新增的工作人口不超过 1 300 万人，而每年进入退休年龄的老人数量却不少于 1 700 万人。也就是说，退休的人越来越多，而新投入工作的人却越来越少。

年轻人养老压力一增再增

这个问题越来越严重。数据显示，到 2050 年，中国适龄工作人数将减少至 2.21 亿人，接近两个日本的人口。而中国老龄化人口预计将达到 3.488 亿人，相当于日本、埃及、德国和澳大利亚的人口总和。根据联合国人口预测，到 2050 年中国人口年龄中位数将高达49.6岁,也就是说中国已经逐步进入老龄化社会,越来越少的年轻人需要赡养越来越多的老年人。这导致一个社会现实:年轻人养老压力正持续增大。

为什么说年轻人养老压力会大呢,因为我国的养老保险是"代际赡养",也就是现在工作的人养已经退下来的人。据人力资源和社会保障部社会保险事业管理中心发布的《中国社会保险发展年度报告2015》显示,职工养老保险抚养比从2014年2.97∶1,降到2015年的2.87∶1。也就是说,不到三个人要"养"一个人。赡养比例达到2.87就已经出现要延迟到65岁退休的情况,那么当赡养比是2.0时,要延迟到几岁退休?是不是还必须第二次就业?

打好提前量未雨绸缪

总体而言,2010年以来养老基金支撑能力基本稳定在17~19个月。2015年全国平均水平为17.7个月。但地区之间存在较大差异。黑龙江2015年底企业养老保险基金结余88亿元,余额只够一个月的支付额度。不幸的是,养老金余额较少的还有新疆兵团,仅够3.3个月,吉林7.5个月,青海8.2个月,河北8.6个月,辽宁8.9个月。

各位可能要问:"每个月的社保没有少缴,钱去哪儿了?"钱并没有少,只是当期缴纳的养老金不足以填充养老金的支出。当期缴纳的养老金来自在职员工,尤其是企业职工所创造的收入,养老金缺口背后其实是相关地区经济增速放缓。以辽宁为例,2015年GDP增速只有3%,创下23年新低。2016年上半年则完全陷入负增长，同时，企业的盈利能力也非常严峻。显而易见，企业给大家缴养老金的压力比较大。随着我国 GDP 增速放缓，越来越多的省份会进入"寅吃卯粮"阶段。

面对如此严峻的形势，再过 30 年，等 80 后甚至 90 后退休后，怎么来养老？近年来中央和地方政府出台了多项政策措施，推动养老设施建设和服务水平提升。最先开始出现养老金空账的说法，后面又有以房养老、互助养老、延迟退休的讨论。

国际上关于养老有一套成熟经验，即把养老资金分为两部分。一部分用来满足需要立即支取的人，另一部分用作安全可靠的投资。比如美国的 401（k）计划等。说来说去，我们现在说的都只是建议。在现实的高压下，年轻人当然也可以未雨绸缪，趁年轻多做一些投资，为自己攒够养老本。

2016 年 8 月 25 日

中国人
一年吃掉多少包方便面？

我们可以做个小测验，吃过方便面的中国人请举手；另外，再问一句，现在还在吃方便面的中国人请举手！统计结果可以想象，很少有中国人没有吃过方便面。但是现在一个事实就是，还在吃方便面的人的确是越来越少了！

曾经辉煌，如今放缓

方便面曾经是中国食品市场的一道风景线。根据日本方便面协会的统计数据，2012年，中国人吃掉了440亿包方便面，占全世界销量的接近一半。统计数据表明，方便面产业在中国保持了18个年头持续20%以上的增长，这基本上就是一个奇迹了。

那么，从什么时候方便面的销量开始下降了，是2011年。连续5年下跌，2015年中国方便面的销量下滑了12.5%。直接导致那些靠方便面在中国市场起家的台资企业遭遇了业绩的滑铁卢。

康师傅公布的业绩显示，它 2016 年第二季度实现的净利润是 1 800 万美元，同比降 87%。康师傅利润暴跌的原因，除了加大广告投入使得成本上升之外，最重要的就是方便面的销量大幅下降。数据显示，销售额占比达到 37% 的方便面销量大降了 11.59%。

方便面在中国经历了两个阶段。第一个阶段是没有全国品牌的阶段；第二个阶段是形成了像统一、康师傅这样的来自台湾企业的全国性品牌阶段。台资企业进入大陆提升了方便面的品质，在造福大陆消费者的同时，也成就了这些公司的辉煌。但是现在，多少有点此一时彼一时的味道了。

为什么会发生这种消费趋势的变化？随着人们生活水平的提高，大家对饮食的需求标准也越来越高，对于方便面这种速食面的需求的确会下降。简单来讲，方便面负增长的背后，实际上是中国消费升级的现实。

抓住消费升级风口

毫无疑问，过去 18 年来方便面一直站在市场的风口浪尖，我们现在关心的是，接下来哪些行业会形成新的市场风口？

随着中国消费者迈入中等收入甚至更加富裕的行列，服务和高端产品的消费肯定会大幅提升，比如健康食品、教育、旅游、奢侈品或轻奢品，人们愿意付出更高代价，改善和提升自己的生活品质。

贝恩数据说明了这一点。2011—2015 年，中国院线收入平均涨幅高达 35.4%，出境游涨幅高达 28%，净水器销售增长更是超过 50%。食品方面，健康食品的表现非常出色，酸奶的增幅是 20%，功能性饮料也一直在持续增长。

方便面的时代恐怕真的接近尾声了，即便人们还会购买方便面，也只会购买那些更加精致、健康、个性化的产品。只有站在新风口的企业，才能迎来新一轮的腾飞。

2016 年 8 月 31 日

香港保险
是一块"唐僧肉"吗？

"十一"黄金周期间水皮和几个朋友聚餐，席间我们谈到了海外资产配置的问题。有人建议我去香港买保险。这是个不错的建议，但是我们说了半天最终谁也没付诸行动。10月28日，朋友给我打电话说，银联要开始停止通过银联卡渠道支付香港的保费了。

野蛮增长背后的隐忧

这个消息在朋友圈里不胫而走。当天晚上香港保险公司热闹非凡，很多内地的投资者听到风声就赶过去了，深圳的近水楼台打个车就过去了，北京、上海的土豪们打个"飞的"也过去了。

有人说这是谣言，其实不是。紧接着，银联国际发布公告，再三强调这是规范境外保险类的商户受理境内银联卡的一些规定。银联的公告坐实了这一传闻。31日股市一开盘，香港股市受保险板块的拖累下跌，保险板块整体大跌，友邦保险跌6%，保诚跌3%，中国内地的保险公司普遍都有1.5%～2%的跌幅，所受影响不小。

当然，银联公告的实质也是提醒大家，你要想通过银联支付投资类和储蓄类保险，实际上是禁止的。主要的品种如投资返还的分红险和终生寿险，按照中国外汇管理规定，内地居民购买境外投资分红类保险属于金融和资本项下交易，本来就没有开放，只不过内地的投资者打了擦边球。过去，民不举官不究，而且在外汇储备增长比较快的情况下，大家也不太注意，但现在问题越来越严重了。

来自香港保险监理处的数据显示，2016年上半年香港保险业的毛保费总额是2 075亿港元，其中个人新单保费为815亿港元，在这815亿港元中，来自内地访客的新保费高达300多亿港元，贡献是36.9%。而在2013年末、2014年末、2015年末，这个数字占比分别是16%，21%和24%。

中国保监会为此是操碎了心，一再提醒大家注意风险。内地保险业在适用法律、政策监管以及在保险产品方面都存在很大的差异。你在香港买的保单，不受内地法律保护，如果发生分歧，投资者或消费者也会吃亏的。为了落实这些提醒，保监会稽查局还同北京保监局联手，走访北京地区很多外资驻京机构，排查这种推介或者非法经营的情况。

切勿增加其他风险

既然政策风险这么大，内地投资人为什么还趋之若鹜呢？从香港保险产品角度讲，它真的有保额高、费率低、收益高和服务好这些优点；从精算角度讲，香港保险比内地便宜20%～30%。内地的保险产品遵照监管的要求，普遍按照低、中、高三档显示红利水平，一般是3%，4.5%，6%，但是香港市场普遍采用的是6%以上的利率。从回报讲，还是非常有诱惑力的。

香港保险业的火爆，也与外部环境密切相关。首先是方便移民或者子女留学；其次是资产保值增值；再次是资产安全。说到全球资产配置，我们一定程度上可以通过买保险这种方式来规避个人换汇的限额，用消费的方式行投资之实。说得难听一点儿，多多少少有资金出逃的意思。到目前为止，中国内地居民是没有正常的对外投资渠道的，每年换汇的额度就是5万美元，还处于一个消费的范畴。过去有段时间大家呼吁能不能放宽到20万美元，20万美元就有投资的性质了。

大家都知道，今年以来人民币对美元的中间价已经累计下调了1 000多个基点，贬值接近2%。大家青睐香港的保险产品，更多的原因在于分散汇率的风险以及向境外转移一些投资。将人民币换成美元出境，来规避人民币贬值带来的资产损失。一方面，投资人开始主动配置海外资产；另一方面，大额保单层出不穷也跟大家利用香港保单的途径进行资产转移有关。说白了就是资本外流现象在这方面的反映。

无论是官方的数据，还是我们切身的感受，我们都知道资本外流的压力相当大。现在通过封堵银联卡刷卡买保险来堵住资本外流，其实作用有限。因为你封得住银联，封不住万事达和VISA，再不然还有现金呢。从另外一个角度呢，政策的确在慢慢收紧。去香港买保险的投资者还得擦亮眼睛,除了我们刚才讲的风险外,还得注意政策的风险,千万不要为买保险产生其他风险,这样就得不偿失了。

2016 年 11 月 4 日

"美国制造"将取代"中国制造"？

一年前，李嘉诚卖掉内地的地产，撤出了内地。作为一个在商言商的生意人，李嘉诚发迹于香港，对内地或许没有太多感情，走了就走了。但是一年以后，作为内地慈善第一人的福耀玻璃董事长曹德旺也跑了。就在两个月前，曹德旺在美国莫瑞恩投资6亿美元建设的汽车玻璃工厂正式竣工投产。

中美差距逐渐缩小

老曹是我认识十多年的老朋友了，他跑去美国建工厂，让我十分震惊。因为在不少人的印象中，美国制造业的成本相比中国来讲高得多。

但是，我们从曹德旺最近公开的详细对比中美投资的成本和收益中不难发现，中美制造业的成本差距正在缩小。其中，土地成本中国是美国的9倍，银行借款成本中国是美国的2.4倍。另外，美国税收优惠力度大，也不需要支付进出口的清关成本。

事实上，为了削减成本，"出走"美国的企业不止一家。除了曹德旺的福耀玻璃，太阳纸业也谈妥了投资10亿美元在美国阿肯色州建厂。前段时间闹得不可开交的乐视，投资10亿美元在美国建了法乐第未来工厂。其中，内华达州州政府给他的税收优惠幅度就高达2亿美元。如此优厚的补贴，有多少企业家能一点也不心动？所以吸引到不少中国的投资也就不足为奇了。

故步自封难再续

当然，即使中美制造业的成本差距在缩小，但人工成本依然是个挑战。曹德旺说，到美国投资最大的两个挑战是招聘和发薪水。毕竟美国工人的工资和福利会占到营业总额的40%左右。

与国内劳动力成本相比，美国劳动力成本并不占优势，但是，美国自动化程度高，用工少。国内两条月总产量4 500吨的生产线用工250人，美国同产能的两条生产线只需要180人。按照国内工人工资上涨趋势，如考虑5年内工资再翻倍，10年内工资翻两番，那么中国在人工成本上的优势并不明显。所以，随着人工成本持续上升，中国的制造成本已经和美国的制造成本相当，在一些领域甚至会超过美国的制造成本。

与此同时，国内制造业暴露出的问题也很多。比如同质化竞争严重、产能严重过剩、中国制造业"未强先高"等，最大的问题是宏观税负太高。1995年，宏观税负率只有16.5%，2015年宏观税负率已经是36.9%。虽然中央一再强调要给企业降成本，但是税收相对刚性,降的幅度非常有限。

不少国家盯着制造业这块蛋糕。特朗普也喊出了"America first"这样的口号,来呼唤"制造业回归"。我们的近邻印度、越南也都想替代中国制造的位置。如果中国制造业的竞争力不努力提升,中国制造被取代真不是危言耸听。中国制造的确到了居安思危的时候了。

2016 年 12 月 20 日

"股神"赵薇
怎么炒股？

当闺蜜王菲深陷演唱会风波无法自拔的时候，赵薇却再次以"女版巴菲特"的存在刷屏。2016 年 12 月 26 日，万家文化公告，大股东万家集团将 29.13% 的股份，作价 30.59 亿元转让给了影视明星赵薇控股的龙薇传媒，赵薇将成为上市公司新的实际控制人。

大手笔购入亏不亏？

之前，万家集团持有万家文化 1.94 亿股的股份，占公司总股本的 30.53%。如果上述交易完成，万家集团持股将锐减到 882.23 万股，持股比例为 1.39%。从 2016 年第三季度季报来看，万家集团减持后，将退居第六大股东之位。龙薇传媒将拿出 30.6 亿元的真金白银用于接盘，约合 16.54 元 / 股，较上市公司停牌前一日股价 18.38 元 / 股，折价 10.01%。

经过这番交易，龙薇传媒会成为万家文化的第一大股东。由于赵薇持有龙薇传媒 95% 的股份，赵薇也会成为万家文化事实上的新东家。

当然，从我们的角度看，好像赵薇付出的代价过大，毕竟控股一个公司，花 30 亿元的真金白银，在市场上也是比较少见的。即便赵薇有钱，但对于做公司的人来讲，也不会贸然拿出这么多的现金去收购一家公司。从壳公司的角度，一个上市公司的壳，现在也就在 18 亿元左右。

圈子决定格局

明星涉足资本市场在 A 股已屡见不鲜，但成为上市公司实际控制人的，赵薇还是第一人。赵薇素有"娱乐圈女股神"之称，之前让她名声在外的两次资本运作，分别是投资唐德影视和阿里影业。2011 年，赵薇在唐德影视增资扩股时花了 77.6 万元认购了 110 万股，以当前 27.67 元 / 股单价，赵薇账面资产收益上涨 40 余倍。

2014 年 12 月，赵薇夫妇斥资 24.71 亿元，买入阿里影业 9.18% 的股份而成为其大股东。4 月，阿里影业股价大涨，赵薇夫妇身家暴涨约 36 亿元。一年之后，赵薇夫妇分阶段抛售了阿里影业的股份。我印象中是在 4 元附近抛售的，现在，阿里的股票基本上回到了最初的价格。也就是说，赵薇夫妇的抛售抛在了高点。时机不可谓不精准。

有没有感觉赵薇就是一个吸金黑洞，难怪有人说从《致青春》以后，虽然赵薇作为导演声名鹊起，但却没有看到什么新作问世，原来她的精力都放在投资上了。赵薇刚刚年满40岁，但她的商业版图却是相当可观。据万家文化公告披露，由赵薇实际控制的企业，已经多达7家，业务范围涉及影视、电子商务等。

要说之前的成功，无论是演戏、导演，还是读硕士，都在赵薇自身的专业知识范围。而她的跨界成功，当然得益于她的朋友圈，也包括她和丈夫的联手经营。看来"圈子决定格局"真不是一句空话。如果能有效地打通娱乐与资本圈的资源，足以让"小燕子"变成一只"黑天鹅"！

2016年12月28日

中国快递业，
拿什么拯救你？

按理说，每年快递小哥回城相对于返乡过年来说，都会晚一段时间。每年春节以后，"用工荒"都是快递行业老生常谈的话题。但是为什么今年快递网点瘫痪的消息传的这么疯狂呢？

第一，是中国民营快递企业在 2016 年陆续上市，无形中增加了社会对快递服务业的关注。2017 年 3 月 23 日，顺丰借壳鼎泰新材后公布了它的第一份年报，净利润为 41.8 亿元，比借壳前增长 112.5%。第二，对于"剁手族"而言，第一时间收到购买的商品就是生活中的"小确幸"，一旦超出预期时间，就会导致大量的吐槽和投诉。第三，社交媒体推波助澜。

2017 年还有一个新的唱衰声音，就是"快递员跳槽，送快递不如送外卖"。快递改行送外卖，并非偶然。快递和外卖都是典型的人力密集型行业，都有着较为可观的收入。虽然做的都是同城物流的工作，但是送外卖比送快递还是有一定优势的。

首先，送外卖只是中午和晚上两个高峰时段，工作强度相对较小。其次，送外卖不存在大件和贵重物品，搬运难度和风险都比较低。最后，送外卖比送快递的收入要高。五六块钱一单的送外卖工作，相比动辄只有几毛钱的包裹投递，吸引力还是不小的。

快递员和快递公司是松散的契约关系。正如刘强东所说："90%以上的电商从业人员没有五险一金或者只有少得可怜的五险一金。他们吃的是青春饭"。所以，快递员跑路也是必然的。

不要让快递员成为受害者

多数网友对刘强东的话是认可的。这种没有制度性保障，建立在剥削快递小哥剩余价值基础上的行业能走多远，的确要打个大大的问号。

经过10年的爆发性增长，中国快递业出现了微利化、无利化和亏损化现象。据中金公司发布的快递业数据显示，快递行业毛利率从2007年的30%下滑到目前的5%～10%。改变需要资金，需要契机。无疑资本市场给了快递行业一个机会，所以短短3个月，来自杭州桐庐的"三通一达"，就全部进入了资本市场。

但同时快递公司上市之后，为了获取更大的市场份额，对外大打价格战，国内的平均快递单件已经从2004年的28.8元，下降到2016年的13.3元。这就导致单件快递的利润其实是下滑的，最终让末端收派件快递员的收益越来越薄。

快递行业上市对各家的考验才刚刚开始。快递行业未来的

"洗牌"不应只是市场地位的"洗牌"。只有竞争格局不断发生深层变化，才能降低中国物流的总成本，不再让一线快递员和消费者变成受害者。

2017 年 3 月 23 日

还能把钱放在 P2P 平台上吗？

众所周知，中国的网贷行业还处于规范发展的初期，一些 P2P 网贷（平台）资金由于缺乏第三方的监管，普遍存在设立资金池的行为，更有甚者还会侵占和挪用客户的资金，甚至卷款跑路。这些恶劣的行为，不仅损害了投资人的利益，还极大伤害了 P2P 行业的有序发展。

所以，在水皮看来，网贷机构资金存管政策的落地，一定程度上是对过去规范清理整顿的认可，或者说是推动行业进一步发展的具体措施。根本目的是通过强化资金存管，来为 P2P 资金加上一把锁，让它更加安全。

其实，"资金存管"这个词最早来自股票市场。因为证券监管部门要求证券公司一定要把股民的资金交给银行进行资金存管，股民通过证券公司的系统可以进行股票买卖，不过资金的结算由银行来操作。

P2P 银行存管就是从这里延伸而来的。简单讲就是通过银行管理投资者的资金，平台管理交易，做到资金和交易分开，让 P2P 平台不能直接接触到资金，这样就可以避免资金被挪用的风险。

虽然透明化，但也要分辨真假

网贷平台进行资金存管是否意味着就没有风险了？其实不然。因为银行存管只是使交易过程更加透明，存管银行并不对交易负责，而只监管信息流和资金流是否一致，银行的账目和网贷机构的账目是否一致。至于平台背后是真是假，银行是不过问的。网贷机构本身的信息是否真实、可靠，还需要投资者自己去仔细判断。我在这里要特别提醒各位投资人，对于平台而言，除了银行监管，还要对平台的业务模式、风控措施、信息披露等进行综合评估。

随着网贷行业持续整改，P2P 平台也逐步完善，吸引了一些新的投资人加入。但现在借款人数是小幅下降，资金供大于求，推动网贷行业综合收益率下行。到 2016 年底，网贷行业综合收益率已跌破 10%。

虽然收益率下降，但是相比其他的投资方式，到目前为止，P2P 网贷平台还是有一定优势的。比如，1 年期的银行理财产品的收益只有 5%，P2P 平台的收益也不会高太多，但是它期限短，1～3 个月就能赎回。"快进快出"也是不少投资者规避风险的一种方式。

P2P 对于传统金融体系来讲还是新生事物，本身只是一种金融工具，没有好坏之分。监管与 P2P 的关系可以说是亦步亦趋，互相成就。网贷机构资金存管政策的公布，虽然不能完全杜绝欺诈、跑路等风险，但在很大程度上还是能提高投资人资金的安全性，提高网贷机构违规成本，清除"毒瘤"，净化网贷行业。

2017 年 3 月 21 日

Apple Pay
是如何玩砸的？

在中国，移动支付的老大就是支付宝和微信。在美国，答案就简单了，只有一个 Apple Pay。根据"波士顿零售合作伙伴"的调查报告显示，Apple Pay 现在拥有的市场份额是 36%，而一年前比例还不到 20%。

在中国水土不服

与 Apple Pay 在美国的境况不一样，它在中国移动支付这样发达的市场上却显得有些"水土不服"。2016 年 2 月 18 日，Apple Pay 在中国市场上线，起初用户对它的热情非常大。12 小时在 Apple Pay 绑定的银行卡数量就超过了 3 800 万张，数量还是很大的。只不过这样的热度没有持续多久，经过一段时间的用户体验，追捧的目的似乎更偏向炫耀，而非实用。

2016 年 10 月苹果 CEO 库克在深圳买咖啡，想尝试用 Apple

Pay 支付，结果因为支付系统不同，居然没有实现，场面非常尴尬。

究其原因，首先，中美用户的支付习惯很不一样。Apple Pay 本质上还是绑卡支付，而中国人均信用卡的持有量远不及美国和欧洲等国家。消费者用卡的习惯在中国没有养成。早在 Apple Pay 登陆中国之前，支付宝和微信就已经培养用户直接跳过信用卡的使用阶段，习惯了扫码支付。其次，Apple Pay 的门槛还是太高。Apple Pay 是依附中国银联存在的，商家不仅要花钱购买中国银联的闪付 POS 机，同时也要承担费率的成本。

相比零成本的"扫一扫"，基于 NFC（近距离无线通信）还需要专门的终端支持。以 Apple Pay 为例，需要 iPhone 6 以上的手机才支持，那么用户受众自然就缩小了。根据 2016 年中国手机市场报告，iPhone 占国内智能手机市场的 25%，换句话讲，75% 的非 iPhone 用户其实已经被排除在外了。

本土支付方式无饼可分

微信和支付宝的使用的确非常方便。指纹解锁，扫码支付一气呵成，难怪路边那些水果摊、煎饼摊的老板都用上了支付宝、微信支付。

在商务拓展工作上，阿里、腾讯为了推广支付宝、微信在各种生活场景的渗透，都拿出了巨额补贴、优惠，甚至进行红包大战，基本上跟"烧钱圈地"没什么两样。但是 Apple Pay 却没有半点作为。因为苹果非常重视利润，它背后的资本市场对利润是有要求的，比如股价，这样就不可能烧钱，所以它也难以占领市场。这就是为什么大家总觉得 Apple Pay 谈合作的对象总是不接地气儿。

面对已被占领的中国移动支付市场，Apple Pay 将怎么立足呢？在我看来，随着苹果手机逐步更新换代，以及 Apple Pay 的日益推广，市场可能会乐观一点。但不幸的是，2016 年 iPhone 在中国的市场销售量大幅下降了 23%，而中国的手机正迎头赶上。一定程度上讲，除非中国的竞争对手出现严重的安全漏洞，否则 Apple Pay 在中国市场基本上没有希望了。

实际上，支付宝与微信已在布局美国市场了。苹果公司真要长点心，别在丢掉中国市场的同时，连美国的老家也被端了！

2017 年 3 月 28 日

明天，机器人
会抢你的饭碗吗？

阿尔法狗当初战胜李世石的时候，很多人还有一点侥幸心理，但是当它战胜柯洁之后，连马云都说阿尔法狗把围棋弄得了无生趣了。至此，越来越多的人开始对人工智能有了更加清醒的认识。

有人认为，未来机器人可能会消灭人类。这种想法还是有点杞人忧天。不过，越来越多的工作岗位，已经开始被机器人取代。

机器人不能完全替代工人

"世界车间"富士康最近两年加大了对机器人的投放，引进的机器人有 6 万个。富士康也变成了名副其实的"黑"工厂。因为部分车间没有工人，甚至都不再需要开灯作业了。

现在，中国已经成为全球工业机器人最大的市场。2016 年，中国工业机器人使用量占全球33%左右，销量约7.2万台。可以说全球每生产3台工业机器人，就有1台在中国的生产线上。

但不是机器人挤走了人，而是招不来工人。2012年，中国人口红利出现了拐点，整个劳动力市场的增长率开始下降。一线工人严重不足，尤其是苦重行业，招人很难，能够留住人的机会也不大。引进机器人也是无奈之举。

另外，即使算上智能制造补贴，现阶段机器人的使用成本也不比传统的廉价工人便宜。这就解释了为什么富士康现在还有120万员工。新一代劳动力承受不了危险、无聊的岗位，才给机器人带来了机会。但这并不意味着工人不再重要。

智能而不智慧

我认为最该担心饭碗的不是蓝领，而是坐在办公室的白领，尤其是金融从业人员。我们看到过这样的新闻：

> 高盛鼎盛时期雇了600多个交易员，现在就剩2个人了。另外，摩根大通最近开发了一款金融合同解析软件，经过测试，原来由律师和贷款人员每年需要36万个小时才能完成的工作，现在几秒钟就完成了，引起了华尔街的巨震。在国内，百度金融最新的成果是，机器人一天可以读2 000份财报，这是我们的专家学者怎样都做不到的。

当然，现在的人工智能机器人还基本上在程序设定的框架内运行和学习，它替代的是海量数据的查询、分析、检索工作，替代的是坐办公室的白领或者金领的工作。而真正蓝领工人的工作，机器人还真不能完全替代。所以担心一线工人会被机器人全面替代，以及担心中国这个"世界工厂"的优势会在机器人面前消失，还真没有必要。

从现阶段智能机器人的技术来看，基本上还是有智能，又达不到智慧的高度；有智商，还没有达到兼备情商的程度。但是，随着智能机器人自我学习程序的深化，这些都能解决。

当然，我们不用太担心，就像230年前，蒸汽机和纺织机的发明并没有消灭工作一样，智能机器人今后更多的是和人类形成分工合作。人类通过机器人不断解放自己，让自己有更多的精力能放在像爱因斯坦相对论这样顶级智慧研究上。

2017 年 6 月 14 日

南非，
是怎么一步步走向衰退的？

南非是非洲的第二大经济体，相对于非洲整体比较贫困的经济，南非国民拥有比较高的生活水平，城市建设也超出很多人的想象。由于长期形成的白人黑人对立的概念，有很多人并不认为南非是一个发达国家。但实际上，至少在 2011 年之前，南非的发达程度还是相当好的，否则它也不会轻易举办世界杯。

产业结构不均衡阻碍发展

2011 年以后，南非的 GDP 一直呈现下滑趋势，从 3% 一路下降到了 1% 附近。最近，南非国家统计局公布的数据显示，继 2016 年第四季度 GDP 环比萎缩 0.3% 后，2017 年第一季度，南非 GDP 又环比萎缩 0.7%，这是 2009 年第二季度以来，南非经济首次连续两个季度缩水。而 GDP 连续两个季度负增长，就基本上可以界定为传统意义上的经济衰退了。

为什么会出现这样的情况呢？

水皮认为，产业结构发展不均衡、严重依赖对外贸易是南非经济衰退的主要原因。与巴西、委内瑞拉一样，南非的经济不可避免地因受到剧烈波动的大宗商品期货价格影响，而变得非常脆弱。

众所周知，南非拥有大量的矿产资源，黄金和钻石的生产量位居世界首位。采矿业是南非经济支柱产业，占GDP的7%，占贸易出口的20%左右。

作为"黄金之国"，南非矿业虽然保持了相当的规模，但在缺少投资、"坐吃山空"的情况下，它的黄金产量已落到了中、美、俄的后面。随着设施老化，矿山开采成本也越来越高。与此同时，南非货币升值带来的额外成本，也部分抵消了金价上涨带来的更多利润。过度依赖采矿业的南非经济衰退也是在所难免。

人才政策赶走精英

另一方面，人才流失也阻碍了南非的经济增长。2017年3月底，南非总统祖马一夜之间换掉了10位部长，包括财政部长戈尔丹。人才的不确定性直接影响了投资者的选择。宣布解雇戈尔丹后，南非货币已经贬值11.37%。失业率更是高达27.7%，创13年新高。

当然，人才流失也是历史遗留问题。由于历史上长期受到歧视，黑人对白人有一定的排斥。尤其是在曼德拉上台之后，一些如医生、律师、教师的白人专业人士大量移民。人才的流失导致南非的政界、商界精英的缺失。

如果这样的人才流失局面不发生改变,南非就无法完成产业升级。所以,人才问题是摆在南非面前的一道坎。如何留住这些精英是本届总统必须考虑的!

2017 年 6 月 9 日

95后
真要成为啃老一族？

为什么有那么多年轻人不愿意毕业之后按部就班地就业呢？

恐怕这与大家工资性收入下降有一定的关系。从国家统计局公布的数字看，2016年中国各行业平均工资是57 394元，每月大概4 782元。

让人担心的是，应届毕业生的实际薪资是一年比一年低。2015年应届毕业生平均工资是4 793元，2016年则降为4 765元，2017年更是跌落到4 014元。所以，很多孩子毕业后对就业不抱希望就可以理解了。

中国经济转型缩影

这一幕不仅发生在中国，我们的近邻在经济发展过程中也碰到过这个情况。

20世纪90年代日本经济泡沫破灭，日本企业进入长期的低利润率时代，利润率普遍在 5% 以下。大部分企业为了保护老员工，同时为了节省成本，对新员工和毕业生开出很低的工资，而且可以随时终止他们的劳动合同。这造成了日本越来越多的年轻人无论怎么拼命打工都挣不到钱，最后不得已沦为啃老一族。

在我看来，近三年中国毕业生的平均工资不升反降，同中国经济转型有一定的关系。企业面临的困境是普遍的。一方面资产端通胀；另一方面，消费端在通缩。自然造成了企业盈利率普遍下降。企业没有利润，当然不可能给员工开高工资，也不可能给员工增加工资。更何况对象还是刚毕业没有工作经验的应届生。

期待产业转型

过去 30 年，中国经济高速增长靠的是人口红利。在整个经济增长率 9.1% 中，劳动力贡献的是 2.3%，资本贡献的是 4.4%。今后，中国的实体经济缺乏强大的劳动力支撑，95 后选择"网红"这类非生产性的职业，或者干脆待业在家，资本的增长就会缺乏劳动力支撑，不可避免陷入衰退。

要缓解目前劳动力衰退的问题，恐怕只能寄希望于产业转型。当新的高智慧经济和技术密集型产业得到大规模发展时，当应届生"人尽其才"时，才能改变年轻人对就业不抱期望的趋势。

过去 10 年，中国社会经历了"脱实向虚"的过程，而现在正走在"脱虚向实"的征途上。这种转变不是一时半会儿就能完成的。对大学生就业的选择，也在产生潜移默化的影响。

当然，与70后、80后不一样，现在95后的孩子们大多数是独生子女，家庭条件比较优越，生存对他们来讲不是特别急迫的问题。与其朝九晚五，每月拿4 000块钱，还不如在家里做做房东。只要不给家庭带来太大、太沉重的负担，他们完全可以选择自己愿意的生活方式。我相信经过一段时间，大多数人最终会找准自己的生活方向的。

2017年6月7日

中国
才是决定油价兴衰的老大！

OPEC 通过了新的限产减产协议，把原来的协议拉长了 9 个月的时间。总体产量控制在 5 年平均水平之下。OPEC 这么做，无非是想提振油价，不过从短期来看，决定油价的恐怕不仅仅是 OPEC，主要还是中国。

为什么这么讲？因为中国的需求量比较大。从数据上看，中国在 2017 年 3 月进口原油 917 万桶 / 日，创下了中国进口原油史上新高，现在中国基本上占了全球原油需求增长的近三分之一，所以中国的需求是决定油价的关键因素。

一方面，中国的需求在增长，达到了历史的峰值。当然这也是我们趁着油价比较低，在大量进口，油价最近为 50 美元 / 桶，2016 年最低的时候，还达到过 26 美元 / 桶，这个过程，中国完成了逐步加大进口。另一方面，OPEC 还是坚持限产，把产量限制下来。一进一出，中国就占了主导力量。

当然，最关键的还是中国有需求。中国经济复苏是可以预期的，对于原油的需求比较大，中国经济增长的良好势头，也是短期内原油提振的重要保障。另一方面，也要看中国战略原油储备情况如何，如果短期原油储备达到极限，需求增长放缓，油价就有可能回落。

各方势力此消彼长

决定全球原油价格的因素相对复杂，OPEC内部也不平衡，有人是百分之百执行协议，有人是执行百分之五十，利比亚和伊拉克甚至根本不会认真执行，所以产量并不像统计上看上去的那么美。另一方面，如果油价真的回升到60美元/桶，美国的页岩油也会加大投放份额。这样一来，对油价也会产生新的平抑作用。

除此之外，对于新能源，大家也都一直在努力。对太阳能的利用和开发一直在进行中。电动汽车的研发也是主流方向。几乎可以肯定，对原油的需求也会下降，所以相比之下，原油的走势也扑朔迷离。

总的来讲，OPEC努力是一方面，毕竟它代表了既得利益集团，而且OPEC内部也不那么心齐，限产协议才9个月而已，之后会怎样，恐怕还得取决于新能源开发的进展。当然，跟中国经济的增长更是息息相关。

2017年6月2日

可燃冰让石油、煤炭跌入"地狱"?

中国国土资源部近期宣布,中国成功在南海完成了可燃冰的试验开采工作。这个消息意味着,中国成为世界上第一个可以稳定开采可燃冰这一超级能源的国家。

什么是稳定开采?按照一般的标准,一天采出的可燃冰要在1万立方米左右,并且要持续7天。从这两个标准看,中国第一实至名归。如果从技术装备或技术开发能力上讲,美国、日本也都在做同样的工作。

清洁能源是大势所趋

可燃冰,学名是天然气水合物,是天然气与水在高压低温的环境下形成的类冰状结晶物质,因外形酷似块冰,并且碰到火可以点燃,所以叫可燃冰。

可燃冰的能量很大。同等条件下,它产生的能量要比煤、石油、天然气多出 10 倍，而且燃烧后不会产生任何残渣，所以它是一种高效的清洁能源。可燃冰就像《变形金刚》里机器人争夺的"能量块"一样，体积虽小，但是蕴含的能量却不可估量。

可燃冰的储量非常丰富，相当于全球已经探明的碳总量的两倍，广泛分布在全球各大洋海域，以及陆地冻土层和极地下面。

可燃冰的形成比煤和石油的时间都要短，一般来讲，分布于浅表层，所以开采过程中很容易导致开采区域温度升高，导致气体挥发掉，开采难度相当大，就好比在"豆腐上打铁"一样。

能源安全将大大提高

因为开采难度大，成本高，所以可燃冰试采成功带来的喜悦是巨大的。除中国以外，美国、日本也相继采取措施。2015 年 5 月 12 日，美国国家能源实验室宣布与得克萨斯大学奥斯汀分校合作，在墨西哥湾深水区开展可燃冰钻探研究。日本能源厅也于 12 月 4 日宣布，成功从近海海底埋藏的可燃冰中提取出了甲烷。由此可见，世界上不少国家对可燃冰这一新能源"磨刀霍霍"，力争抢占战略制高点。

可燃冰的商业开采还有一段路要走。预计 2030 年前形成商业开采规模。如果可燃冰开采成功，那就意味着上千亿立方米的甲烷会涌入我们的生活，从而引发甲烷的液化、储备等一系列产业链建设。

相应地，石油价格、煤炭价格肯定会跌入低谷。中国也会摆脱对原油进口的依赖，能源安全水准将大大提高。据现在探明的储量，中国可燃冰分布相当可观，主要在南海、青藏高原一带。从高一点的层面讲，人类也就从石油时代进入到了可燃冰时代。

2017 年 5 月 23 日

图书在版编目(CIP)数据

风口浪尖:中国式投资启示录/水皮著. —北京:中国人民大学出版社,2018.1
ISBN 978-7-300-25114-1

Ⅰ.①风… Ⅱ.①水… Ⅲ.①股票投资－研究－中国 Ⅳ.①F832.51

中国版本图书馆CIP数据核字(2017)第269903号

风口浪尖
——中国式投资启示录
水 皮 著
Fengkou Langjian

出版发行	中国人民大学出版社			
社　　址	北京中关村大街31号		**邮政编码**	100080
电　　话	010-62511242(总编室)		010-62511770(质管部)	
	010-82501766(邮购部)		010-62514148(门市部)	
	010-62515195(发行公司)		010-62515275(盗版举报)	
网　　址	http://www.crup.com.cn			
	http://www.ttrnet.com(人大教研网)			
经　　销	新华书店			
印　　刷	北京联兴盛业印刷股份有限公司			
规　　格	148mm×210mm　32开本		**版　次**	2018年1月第1版
印　　张	7.75 插页2		**印　次**	2018年1月第2次印刷
字　　数	164 000		**定　价**	45.00元

版权所有　侵权必究　印装差错　负责调换